ANTONIO MACHADO,
POESÍA Y PROSA

COLECCIÓN LITERARIA LyC (LEER y CREAR)
con propuestas para el acercamiento a la literatura.*
Directora: Prof. HERMINIA PETRUZZI

*Los nombres entre paréntesis y en bastardilla remiten a los docentes que tuvieron a su cargo la Introducción, notas y Propuestas de Trabajo que acompañan cada obra de la Colección Literaria LyC. En el caso de las antologías el trabajo incluye también la selección de textos.

ANTOLOGÍA

ANTONIO MACHADO
POESÍA Y PROSA

EDICIONES COLIHUE

Selección, introducción, notas y propuestas de trabajo:
Prof. CRISTINA SISCA DE VIALE

Dibujo de tapa: Basia Kuperman

1ª edición / 1ª reimpresión

I.S.B.N. 950-581-090-3

© EDICIONES COLIHUE
Díaz Vélez 5125
(1405) Buenos Aires, Argentina.
Hecho el depósito que marca la Ley 11.723
IMPRESO EN LA ARGENTINA - PRINTED IN ARGENTINA

QUÉ NOS PROPONEMOS

Como lo sugiere el subtítulo, el propósito de esta colección es hacer de la cátedra de literatura una experiencia vital, activa y gratificante para alumnos y profesores.

Para ello, hemos tenido en cuenta lo que consideramos el objetivo esencial de la asignatura que es —así lo entendemos— lograr que el adolescente adquiera el hábito y el gusto por la lectura, lo cual lleva implícito el desarrollo de una actitud crítica ante el hecho literario.

El objetivo parece claro, pero también ambicioso: durante años de trabajo, hemos ido seleccionando contenidos, cuestionándonos métodos o enfoques, intercambiando experiencias entre colegas e incluso modificando nuestra actitud docente para tratar de lograr esa "clase" de literatura que se pareciera en parte a una charla entre gente que se interesa por un tema y lo discute y analiza con fervor.

Por nuestra parte, confesamos que no todos han sido éxitos; sin delirios, creemos haberlo conseguido alguna vez; un grupo de alumnos de un curso en muchos casos; en otros —los menos— el curso entero. Pero como los resultados en educación no son inmediatos ni espectaculares, esos éxitos, aunque limitados, justifican nuestro empeño.

Esta colección, entonces, con ese objetivo y estas reflexiones previas, está preparada para docentes y destinada a ser compartida con los docentes —y sus alumnos— que participan de nuestra preocupación (de ellos esperamos críticas, sugerencias, muy especialmente, propuestas concretas de trabajo) por lograr ese acercamiento del adolescente a la obra literaria, que vitalice los programas vigentes y que implique un auténtico gusto por leer, descubrir y crear.

Para ello presentamos una cronología en la que el autor —su vida y su obra— se inserta en el cuadro de la realidad histórica y cultural que configuró, en parte, su experiencia; una introducción que —sin excesivos tecnicismos ni erudición— facilite la reflexión acerca de la obra y oriente al alumno para comprender acabadamente el proceso creativo; notas al pie de página y un vocabulario cuando las necesidades del texto lo determinen.

Finalmente, se han planteado propuestas de trabajo para la clase o fuera de ella como corolario de la lectura: algunas son tareas de búsqueda e investigación en el texto, a partir en muchos casos, de los datos que se proporcionan en la introducción; otras se proponen desarrollar capacidades expresivas y, en líneas generales, giran alrededor de la recreación de lo leído.

Hemos procurado, en lo posible, presentar propuestas concretas —y fundamentalmente que se puedan llevar adelante en todos los institutos de enseñanza— transcribiendo el material necesario o dando información precisa para realizarlas; con esto no pretendemos coartar la iniciativa del docente, sino facilitar el trabajo en clase; el profesor que aporta su propia experiencia e información —y que conoce las posibilidades de cada grupo y de cada alumno— será, en definitiva, el que decida el éxito de esta iniciativa.

Herminia Petruzzi

CRONOLOGÍA

EL AUTOR	ACONTECIMIENTOS HISTÓRICOS Y CULTURALES MÁS SIGNIFICATIVOS DE LA ÉPOCA
1874	Se restaura la monarquía borbónica con la proclamación de Alfonso, nieto de Fernando VII, como rey de España. La primera República (1873) ha sido aplastada. Nacen Manuel Machado y Ramiro de Maeztu; se publican *Pepita Jiménez*, de Juan Valera y *El sombrero de tres picos*, de Alarcón.
1875 Nace el 26 de julio en Sevilla, en el célebre palacio de las Dueñas, propiedad de los duques de Alba. Son sus padres doña Ana Ruiz y don Antonio Machado Alvarez, abogado, licenciado en Letras y reconocido estudioso del folklore andaluz ("Demófilo"). Viven también allí sus abuelos paternos: don Antonio Machado Núñez, catedrático de la Universidad, y doña Cipriana Alvarez Durán. Tiene ya un hermano once meses mayor.	Alfonso XII entra en Madrid; se intensifican las luchas civiles que culminarán con el triunfo de los restauradores y la derrota del tradicionalismo carlista. Se descubren las pinturas rupestres de Altamira.
1876	Se promulga la nueva Constitución que estará vigente hasta 1923. Nace Manuel de Falla. Pérez Galdós: *Doña Perfecta*.

9

	Don Francisco Giner de los Ríos, ex catedrático de Filosofía del Derecho en la Universidad Central, como réplica a la falta de libertad en las cátedras oficiales (por lo que había sido encarcelado), funda en Madrid la Institución Libre de Enseñanza, donde colabora don Antonio Machado Núñez.
1877	Matrimonio de Alfonso XII con María de las Mercedes de Orleans. Fracasan las conspiraciones republicanas. Pérez Galdós: *Gloria*.
1878	Cesa momentáneamente el conflicto con Cuba mediante la firma de la paz del Zanjón Fallece la reina. Atentado contra el rey.
1879 Nace su hermano José, quien habría de hacer a lo largo de su vida varios retratos del poeta y quien lo acompañaría hasta su muerte.	Alfonso XII contrae enlace con la Archiduquesa de Austria: María Cristina de Habsburgo-Lorena, madre del futuro Alfonso XIII. Cánovas retorna al poder. Nacen Gabriel Miró, Francisco Villaespesa y Eduardo Marquina.
1880 Concurre con su hermano Manuel a la escuela privada de Antonio Sánchez, en Sevilla.	
1881 Nace su hermano Joaquín.	Surge el primer gobierno liberal de la Restauración. El ministro Albareda repone a los profesores destituidos en 1876. Alarcón publica *El capitán Vene-*

no; nacen Juan Ramón Jiménez y Pablo Picasso.

1883 Su abuelo es nombrado catedrático de la Universidad Central. Toda la familia se traslada a Madrid. Es matriculado en la Institución Libre de Enseñanza; cuando ésta cambia de domicilio, la familia Machado también se muda para que los chicos estén cerca del establecimiento.

Gobierno de Posada Herrera. Se descubren las actividades del movimiento anarquista llamado "La Mano Negra".
Nace Ortega y Gasset. Menéndez Pelayo: *Historia de las ideas estéticas en España*.

1884 Nace su hermano Francisco.

Cánovas y Pidal ocupan el gobierno. Leopoldo Alas ("Clarín"): *La Regenta*. En la Argentina, la "generación del 80" da a conocer algunas de sus obras más representativas: *La gran aldea*, de Lucio V. López y *Juvenilia*, de Miguel Cané.

1885

Muerte fulminante de Alfonso XII. Se inicia la regencia de María Cristina y Sagasta asume el gobierno; el futuro Alfonso XIII nacerá al año siguiente. Pereda publica *Sotileza*.

1887

Nace Gregorio Marañón. Se tienen las primeras noticias del invento del submarino de Isaac Peral.

1889 Estudia el Bachillerato en el Instituto de San Isidro y al año siguiente en el de Cardenal Cisneros. Su padre ha partido a Puerto Rico con el cargo de registrador de la propiedad.

La incógnita y *Realidad*, de Galdós, que es elegido académico.
Bergson sostiene su tesis doctoral.
Nace Martín Heidegger.

1890

Cánovas ocupa nuevamente el gobierno. Se sanciona la ley de sufragio universal.
Oscar Wilde publica *El retrato de*

Dorian Gray, Menéndez y Pelayo: *Antología de poetas líricos castellanos.*

1892

Ruptura de relaciones comerciales con Francia. Sagasta ocupa el gobierno. Rubén Darío visita España. Emilia Pardo Bazán publica *Cuentos de Marineda*; Pérez Galdós: *Tristana.*

1893 Su padre regresa gravemente enfermo y muere en Sevilla, adonde su esposa fue a buscarlo.
Primeras colaboraciones en *La Caricatura*, semanario literario. Firma con el seudónimo "Cabellera" y Manuel, "Polilla"; los artículos escritos en colaboración son firmados "Tablante de Ricamonte".

Se producen varios atentados. Guerra contra los moros en Melilla. Pérez Galdós: *La loca de la casa*; José María de Pereda: *Peñas arriba.* Muere Zorrilla. Azorín publica *La crítica literaria en España*, con el seudónimo "Cándido".

1895 Muere el abuelo, Antonio Machado Núñez. Deben mudarse a un piso más modesto.
Concurre, con su hermano Manuel, a tertulias literarias y teatrales. Conoce a Valle Inclán.

Se inicia la guerra cubana por la independencia. Cánovas ocupa nuevamente el gobierno, mientras el general Martínez Campos viaja a Cuba.
Unamuno publica *En torno al casticismo*; Valle Inclán, *Femeninas.* Nace Jorge Guillén. Primer cine de los hermanos Lumière.

1896 Trabaja como actor en la compañía de Fernando Díaz de Mendoza, actividad que abandona al año siguiente.
Su hermano parte hacia Sevilla a estudiar Filosofía y Letras.

Estados Unidos interviene en la cuestión cubana. Paralelamente se inicia la insurrección de Filipinas. Valera publica *Juanita la Larga*; "Clarín", *Cuentos morales*; Rubén Darío, *Prosas profanas.* Nace Gerardo Diego. Muere Verlaine.

1897 Su hermano obtiene el título de licenciado en Filosofía y Letras por la Universidad de Sevilla y regresa a Madrid.

Primo de Rivera gobierna en Filipinas. Se produce el asesinato de Cánovas, tras el que se suceden los gobiernos de Azcárate y Sagasta. Se reconoce la autonomía de Cuba
Aparecen *Genio y figura*, de Valera; *Paz en la guerra*, de Unamuno; *Misericordia*, de Galdós; *Idearium español*, de Ganivet; *Epitalamio*, de Valle Inclán; Ramón y Cajal: *Reglas y consejos sobre investigación científica.*

1898 En la primavera acompaña a su hermano Manuel en un viaje a Sevilla. La melancólica visita le inspira el poema "El poeta visita el patio de la casa en que nació", publicado cinco años después en la revista *Helios.*

Se instaura el gobierno autónomo de Cuba. Estados Unidos declara la guerra a España. Los norteamericanos destruyen la armada española en el Caribe. España debe asumir la pérdida definitiva de sus colonias de Cuba, Puerto Rico y Filipinas.
Ganivet se suicida. Nacen Federico García Lorca y Dámaso Alonso. Se estrena *La comida de las fieras*, de Bonavente. Blasco Ibáñez publica *La barraca*

1899 Viaja a París con su hermano Manuel, como traductores de la casa Garnier, y para conocer el ambiente cultural. Conoce allí a Oscar Wilde, a Gómez Carrillo y a Pío Baroja.

Medidas económicas rigurosas y aumento de los impuestos. Incidentes en diversas regiones.
Ramiro de Maeztu: *Hacia otra España*; Valle Inclán: *Cenizas.* Nace Emilio Prados. En París, Dreyfus es indultado.

1900 Toma contacto más estrecho con los escritores nuevos que se agitan tras el "modernismo" de Darío.

Se funda la Unión Nacional.
La "generación del 98" comienza a dar a conocer sus obras: Ma-

Obtiene el grado de Bachiller en el Instituto Cardenal Cisneros.

nuel Machado publica *Alma*; Juan Ramón Jiménez, *Almas de violeta*; Baroja, *La casa de Aizgorri*.

1901 Colabora en la revista *Electra*, donde aparecen sus poesías por primera vez.

Sagasta ocupa nuevamente el gobierno. Se realiza la boda de la princesa de Asturias con don Carlos de Borbón.
Valle Inclán publica *Sonata de otoño*. Benavente da a conocer *Lo cursi* y *Sacrificios*. Primeras exposiciones de Picasso.

1902 Nuevo viaje a París con su hermano Manuel. Gómez Carrillo le ofrece el cargo de canciller en el consulado de Guatemala en París. Traba amistad con Rubén Darío, a quien lee muchos de sus poemas. Vuelve con su hermano Joaquín, quien regresa de Guatemala, a Madrid.
Aparece su primer libro de poemas, *Soledades*, en las últimas semanas del año, aunque con pie de imprenta fechado en 1903. Adquiere gran éxito en los medios literarios.

Alfonso XIII jura la Constitución, finalizando la regencia de su madre.
Silvela ocupa el gobierno.
Baroja publica *Camino de perfección*; Unamuno, *Amor y pedagogía*; Azorín, *La voluntad*; J. R. Jiménez, *Rimas*; Galdós inicia la cuarta serie de los *Episodios Nacionales*. Nace Rafael Alberti.

1903 Colabora en *Helios*, revista literaria cuya primera figura es Juan Ramón Jiménez.

Se suceden los gobiernos de Villaverde y de Maura. Se crea el Instituto de Reformas sociales.
Juan Ramón publica *Arias tristes*; Pérez de Ayala, *La paz del sendero*; Benavente, *La noche del sábado*; Valle Inclán, *Sonata de estío*.
Nacen Max Aub y Alejandro Casona.

1904 Continúa colaborando en *Helios*;

Azcárraga ocupa el gobierno.

14

también lo hace en *Alma española, El País* y *Blanco y Negro.*

Echegaray recibe el Premio Nobel de Literatura. Baroja publica *Mala hierba*; Valle Inclán, *Sonata de primavera.*
Nace Luis Cernuda.

1905 Prepara una reedición aumentada de *Soledades* con nuevos poemas. Goza de la admiración de los principales autores: Rubén, Valle Inclán, Juan Ramón (El primero le dedica la famosa "Oración".) Firma, junto a otros autores modernistas, un manifiesto contra el homenaje que se proyecta hacer a Echegaray, reciente premio Nobel de Literatura.

Se suceden los gobiernos de Montero Ríos y de Moret; turno de partidos que aparecen en el poema "Meditaciones rurales". Atentado en París contra Alfonso XIII. Teoría de la relatividad de Einstein.
Primera revolución rusa.
Manuel de Falla estrena *La vida breve.* Unamuno publica *Vida de don Quijote y Sancho*; Azorín, *La ruta de don Quijote*; Valle Inclán, *Sonata de invierno*; J.R. Jiménez, *Pastorales*; Rubén Darío, *Cantos de vida y esperanza.*
Muere Juan Valera.

1906 Prepara su oposición a cátedras de francés para Institutos de Segunda Enseñanza, animado por su antiguo maestro, don Francisco Giner, ya que la tarea de opositar no le provoca demasiado entusiasmo.

El rey se casa con Victoria Eugenia de Battenberg. Un atentado contra la carroza real ocasiona la muerte de 23 personas.
Ley de matrimonio civil.
Ramón y Cajal obtiene el Premio Nobel de Medicina. Albéniz estrena en París la suite *Iberia*; Alvarez Quintero, *El genio alegre*, Eugenio D'Ors ("Xenius"), *Glosari.*

1907 Gana las oposiciones a cátedras de francés y es destinado al Instituto de Soria, donde se instala el 4 de mayo. A los tres días de tomar posesión de su cátedra regre-

Se deroga la ley de matrimonio civil. Se dispone la reconstitución de la Marina de guerra.
Galdós, diputado republicano

15

sa a Madrid, donde aparece su segundo libro *Soledades, Galerías y otros poemas.*

por Madrid. Creación de la Junta para Ampliación de Estudios.
Bergson da a conocer *L'evolution créatrice*; Rubén Darío, *El canto errante*; Valle Inclán, *Águila de blasón*, primera de las *Comedias bárbaras*; Pérez de Ayala, *Tinieblas en las cumbres*; Benavente, *Los intereses creados*; Picasso, *Les demoiselles d' Avignon.*

1908 Desde Soria colabora para *La lectura,* de Madrid; luego lo hará para *Tierra soriana.* Asimila los valores de la vieja Castilla, profundamente impresionado por la geografía y las costumbres.
Conoce a Leonor Izquierdo Cuevas, hija de la dueña de la pensión en que vive, muchacha de quince años de quien se enamora.

Tratado de amistad franco-español. Se constituye el bloque parlamentario izquierdista, integrado por liberales, demócratas y republicanos.
Menéndez Pidal inicia su edición crítica del *Cantar de Mio Cid*; Blasco Ibáñez publica *Sangre y arena*; Benavente, *Señora ama*, Valle Inclán, *Los cruzados de la causa*, primer tomo de la trilogía *La guerra carlista*; Juan Ramón, *Elejías puras.*

1909 El 30 de julio se casa con Leonor y viajan a Fuenterrabía. En septiembre lleva a Leonor a conocer Madrid.
Colabora en *La Lectura* (Primeros *Proverbios y Cantares.*)

Llega a su fin la campaña de Marruecos. Huelga revolucionaria en Cataluña ("semana trágica" de Barcelona). Cae el gobierno Maura.
Primer vuelo aéreo (Blériot) sobre el canal de la Mancha.
Baroja publica *Zalacaín, el aventurero*; Azorín, *España*; J. Ramón, *Poemas májicos.* Polémica sobre Europa entre Unamuno y Ortega y Gasset.

1910 Vive con Leonor en Soria tiempos de gran felicidad. En septiembre viaja a las fuentes del Duero; por esas tierras conoce la historia que dará origen al romance *La Tierra de Alvargonzález.*
Envía *Campos de Castilla* a su editor Gregorio Martínez Sierra.
Conferencia en la Sociedad Obrera de Soria. La Junta de Ampliación de Estudios le concede una beca para estudiar Filología en París, aunque lo atraen más los estudios filosóficos.

Canalejas ocupa el gobierno. Se produce un atentado contra Maura. Se aprueba la nueva ley de órdenes religiosas.
Se funda la Residencia de Estudiantes. Valle Inclán llega a Buenos Aires.
Primeras *Greguerías* de Ramón Gómez de la Serna. Menéndez y Pelayo concluye *Los orígenes de la novela.*
Nace Miguel Hernández.
Estalla la Revolución mejicana, que pone fin a la dictadura de Porfirio Díaz.

1911 En enero viaja con Leonor a París. Sigue los cursos de Bédier y Bergson en el Colegio de Francia.
En julio Leonor sufre el primer ataque de su enfermedad y es internada en una clínica. En septiembre los médicos autorizan el traslado; van primero a Madrid y luego a Soria. El poeta no se aparta de su cabecera.

Se crea la Central Nacional de Trabajadores.
Unamuno publica *Por tierras de Portugal y España*; Baroja, *Las inquietudes de Shanti Andía*; J. Ramón, *Laberinto, Estío.* Nace Gabriel Celaya.

1912 El 24 de julio aparece *Campos de Castilla* que lo consagra como uno de los primeros poetas en lengua española.
El 1º de agosto muere Leonor.
A la semana siguiente sale para Madrid y pide el traslado a la primera vacante que haya.
El 1º de noviembre llega a Baeza.
En *Mundial-Magazine* de París aparece la versión en prosa de *La tierra de Alvargonzález.* Colabora en *El Porvenir castellano* (''A un olmo seco'').

Ley de reclutamiento y servicio militar obligatorio. Romanones ocupa el gobierno. Asesinato de Canalejas. Tratado franco-español que instaura el protectorado de España en Marruecos.
Se publican *Del sentimiento trágico de la vida*, de Unamuno; *Castilla*, de Azorín; *Voces de gesta*, de Valle Inclán; *La pata de la raposa*, de Pérez de Ayala.
Muere Menéndez y Pelayo.

1913 Dicta la cátedra de francés en Baeza.

Muere Moret y Maura abandona

17

Prepara su licenciatura en Filosofía y Letras. Describe su vida monótona en el célebre "Poema de un día. Meditaciones rurales." Lee las obras de Unamuno y Bergson. Recuerda a Soria y a Leonor ("A José María Palacio"). Se adhiere al homenaje a Azorín, a quien dedica su poema "Desde mi rincón", que aparece unos días después en *El Porvenir Castellano*.

la jefatura del partido conservador. En Madrid atentan contra Alfonso XIII.
Azorín publica *Clásicos y Modernos*; Valle Inclán, *La Marquesa Rosalinda*; Benavente estrena *La malquerida*.
Azorín es homenajeado en Aranjuez por Baroja, Juan Ramón, Ortega, etc.

1914 Continúa en Baeza en uno de los períodos más fecundos de su creación poética y reflexiva: interpretación del paisaje andaluz, meditación de la circunstancia nacional e internacional y honda reflexión filosófica.
En varias cartas a Unamuno se muestra partidario de Francia y detesta "esta guerra trágica y terrible."
Colabora en *Nuevo Mundo*.

Dato es el nuevo jefe del partido conservador.
Frente a la guerra europea, España opta por la neutralidad. Unamuno es destituido del rectorado de Salamanca; protesta en los medios intelectuales.
Ortega publica *Meditaciones del Quijote*; Juan Ramón, *Platero y yo*; Unamuno, *Niebla*.

1915 Colabora constantemente en la Revista *España*, donde aparece la elegía "A don Francisco Giner de los Ríos", mientras en la revista de Baeza *Idea Nueva* publica un artículo necrológico sobre el antiguo maestro.
Realiza una excursión a las fuentes del Guadalquivir.
Comienza sus estudios de Filosofía y Letras en la Universidad de Madrid. Sigue colaborando en *La Lectura*.
Firma el manifiesto de los intelectuales en favor de los aliados.

Un submarino alemán hunde el vapor español *Isidoro*, primero de una larga lista de buques atacados.
Muere Francisco Giner de los Ríos.
Aparece la revista *España*, dirigida por Ortega y Gasset.
Italia entra en la guerra.
Romanones forma nuevo Gobierno.
Azorín, *Al margen de los clásicos*; Gabriel Miró, *Figuras de la Pasión del Señor*; Manuel de Falla, *El amor brujo*.

1916 Obtiene la licenciatura por la Universidad Central.

Los estragos de la guerra se hacen

18

Conoce a Federico García Lorca, quien llega a Baeza en excursión escolar.

sentir en España. Carestía y conflictos sociales.
En Francia se origina el movimiento artístico y literario "Dadá".
Blasco Ibáñez, *Los cuatro jinetes del Apocalipsis*; Azorín, *Rivas y Larra*; Ortega, *El Espectador*.
Muere Rubén Darío. Nace Blas de Otero.

1917 Aparece la primera edición de *Poesías Completas* (Edic. de la Residencia de estudiantes de Madrid) y de *Poesías escogidas* (Edic. Calleja, Madrid).
Colabora en *Lucidarium* de Granada.
Viaja por la baja Andalucía.

Se suceden los gobiernos de García Prieto y de Dato. Juntas militares de defensa, Asamblea de parlamentarios y huelga revolucionaria.
En Rusia, la revolución bolchevique depone al zarismo, estableciéndose el régimen de los *soviets*.
Los Estados Unidos entran en la guerra. Juan Ramón publica *Diario de un poeta recién casado*; Unamuno, *Abel Sánchez*; Miró, *Libro de Sigüenza*.
Aparece el diario *El Sol* y la revista *Cervantes*.
Acto pro aliados organizado por la revista *España*.

1918 Escribe, pero no publica.

Termina la guerra mundial. Revolución en Alemania e Imperio austro-húngaro. Se suceden los gobiernos de Maura, García Prieto y Romanones.
Aparece *Impresiones y paisajes*, primer libro de García Lorca (en prosa).

19

1919 El 26 de noviembre llega a Segovia, donde se hace cargo de la cátedra de francés del Instituto general y técnico de segunda enseñanza.
Viaja semanalmente a Madrid.
Aparece la segunda edición de *Soledades, Galerías y otros poemas*.

Con el objeto de resolver los problemas de la paz, veintisiete naciones firman el tratado de Versalles
Conflictos laborales y políticos en España. Gobiernos Maura, Sánchez Toca y Allendesalazar.
Se inaugura el *subte* de Madrid.
En Rusia se funda la III Internacional Comunista.
Manuel de Falla estrena *El sombrero de tres picos*; Gómez de la Serna publica *Greguerías selectas*; Valle Inclán, *La pipa de kif*; Juan Ramón, *Piedra y cielo*.
Manifiesto poético ultraísta.

1920 Acude a las tertulias del Círculo Mercantil, del café Juan Braco, del café de La Unión.
Ayuda a crear la Universidad Popular de Segovia. Colabora con poemas y prosa en *El Sol, Los Lunes del Imparcial, España* y *La Pluma*.

Sublevación militar fracasada en Zaragoza. Se funda el primer Partido Comunista de España. Hay 52% de población analfabeta y 56% de población agraria.
Muere Pérez Galdós. Se crea la revista *La Pluma*, dirigida por Manuel Azaña.
Unamuno, *El Cristo de Velázquez*; García Lorca, *El maleficio de la mariposa*; Valle Inclán, *Divinas palabras; Farsa y licencia de la reina castiza, Claves líricas* y el primero de los esperpentos, *Luces de bohemia*; León Felipe, *Versos y oraciones del caminante*; Gerardo Diego, *Romancero de la novia*.

1921 Colabora en la revista *Índice*, creada por Juan Ramón Jiménez.

En España se realiza el Congreso del Partido Socialista.

Concurre en Madrid al Café Europeo de la Glorieta de Bilbao y a otras tertulias.

En Marruecos, los moros llegan hasta las puertas de Melilla.
Ortega y Gasset publica *España invertebrada*; Palacio Valdés, *La novela de un novelista*; Pérez de Ayala, *Belarmino y Apolonio*; García Lorca, *Libro de poemas*; Valle Inclán, *Los cuernos de don Friolera*; Dámaso Alonso, *Poemas puros*.
Luigi Pirandello da a conocer en Roma *Seis personajes en busca de autor*.

1922 Colabora en *España (Canciones del Alto Duero)*; continúa los *Proverbios y Cantares* que aparecen en *España* y en *Revista de Occidente*.
En *Índice* y *La voz de Soria* publica su prosa sobre lírica, teatro, novela y sobre los sucesos del momento. Participa en la creación de la Liga Provincial de Derechos del Hombre y —con Unamuno— en la campaña pro responsabilidades.

Triunfo sobre Marruecos.
Mussolini encabeza el poder en Italia.
Ola de violencia en España.
Benavente recibe el Premio Nobel de Literatura
Unamuno, *Andanzas y visiones españolas*; Juan Ramón, *Segunda antolojía poética*; Gerardo Diego, *Imagen*.

1923 Colabora en *Revista de Occidente*, desde el primer número, con *Proverbios y Cantares*, con la dedicatoria "A José Ortega y Gasset".
Dimite, por problemas de organización interna, como miembro de una comisión que proyecta un monumento a Rubén Darío.

Golpe de Estado del General Miguel Primo de Rivera, quien asume el poder secundado por un directorio gubernativo integrado por nueve militares de alto rango. Primo de Rivera y el rey viajan a Italia para entrevistarse con Mussolini.
Aparece la *Revista de Occidente*, dirigida por Ortega y Gasset. Manuel de Falla estrena *El retablo de Maese Pedro*; Pedro Salinas publica *Presagios*; Juan Ramón, *Belleza*; Unamuno, *Teresa*;

21

D'Ors, *Tres horas en el Museo del Prado.*

1924 Aparece su libro *Nuevas Canciones*, editado por *Mundo Latino*, que incluye poemas escritos de 1917 a 1922.

Comienza su labor teatral con la traducción de *Hernani* de Víctor Hugo y el estreno de la adaptación hecha con su hermano Manuel de *El condenado por desconfiado*, de Tirso, a la que siguen arreglos de varias comedias de Lope. El teatro original de los hermanos Machado empieza a ser escrito en este año.

Forma parte del jurado que otorga a Alberti el Premio Nacional.

La dictadura emprende la pacificación de Marruecos.

Se forma la Unión Patriótica, partido de la dictadura. Se sanciona el Estatuto Municipal.

Unamuno es deportado a Fuerteventura, de donde se evade para instalarse en Francia.

Rafael Alberti obtiene el Premio Nacional de Literatura por *Marinero en tierra*, que aparece en libro al año siguiente. El autor conoce a García Lorca en la Residencia de Estudiantes.

Nace en París el movimiento surrealista.

Paul Valery viaja a Madrid.

Aparecen *Florilegio y colección*, de Moreno Villa; *Manual de espumas*, de Gerardo Diego; Valle Inclán, *La rosa de papel* y *La cabeza del Bautista*; Menéndez Pidal, *Poesía juglaresca y juglares.*

1925 Entre el año anterior y éste escribe el *Cancionero apócrifo de Abel Martín*, que aparecerá al año siguiente en el número XII de la *Revista de Occidente*, donde publica *Reflexiones sobre la lírica.*

Ayuda a los jóvenes poetas ("generación del 25" o "del 27") en la nueva revista *Manantial*, de Segovia. Colabora en *Alfar*. Es elegido miembro correspondiente de la Hispanic Society of America.

Segunda edición de *Páginas escogidas.*

La cooperación franco-española en la guerra de Marruecos permite el desembarco en Alhucemas.

Se realiza en Barcelona la primera exposición de Salvador Dalí.

Unamuno: *De Fuenteventura a París*; Juan Ramón: *Unidad*; Azorín: *Doña Inés*; Ortega: *La deshumanización del arte*; Miró: *El obispo leproso*; Guillermo de Torre: *Literaturas europeas de vanguardia.*

Se estrena *La quimera del oro*, de Charles Chaplin

1926 El 9 de febrero, la compañía Guerrero-Díaz de Mendoza estrena en el Teatro de la Princesa de Madrid: *Desdichas de la fortuna o Julianillo Valcárcel*, de los hermanos Machado, con gran éxito de público y de crítica.
Firma, con otros intelectuales, el llamamiento de la Alianza republicana.
Recibe, junto a su hermano Manuel, el homenaje de sus condiscípulos de la Institución libre de Enseñanza.

Alemania entra en la Sociedad de las Naciones.
En España se cierra la Academia de Artillería. Se limita la jornada de trabajo a ocho horas diarias. Se constituye en Madrid la Federación Universitaria Escolar.
El "Plus Ultra" atraviesa el Atlántico.
Valle Inclán publica *Tirano Banderas*; Salinas, *Víspera del gozo*; Alberti, *La amante*; Menéndez Pidal, *Orígenes del español*.
Empieza a publicarse en *El Sol*, lo que será *La rebelión de las masas*, de Ortega y Gasset. Aparecen las revistas *Litoral* y *Mediodía*.

1927 El 24 de marzo es nombrado, sin haberlo solicitado, miembro de la Real Academia Española, aunque su ingreso no se formalizará nunca.
Se estrena *Juan de Mañara* (escrita como todas las obras teatrales, en colaboración con su hermano Manuel).

Pacificación en Marruecos.
Se inicia la construcción de la ciudad Universitaria de Madrid.
El gobierno convoca la reunión de una Asamblea consultiva.
Huelga de mineros asturianos.
Luis Cernuda: *Perfil del aire*; Unamuno: *Romancero del destierro*; Gómez de la Serna: *Seis falsas novelas*; Valle Inclán: *El retablo de la avaricia, la lujuria y la muerte* y *La corte de los milagros*, que inicia la serie de *El ruedo ibérico*. García Lorca estrena *Mariana Pineda*.
Se produce en los Estados Uni-

dos la primera película sonora, *El cantor de jazz.*

1928 Segunda edición de *Poesías completas,* que incluye el *Cancionero apócrifo* de Juan de Mairena. Se estrena *Las Adelfas,* en el Teatro Calderón de Madrid.
Probablemente en este año conoce a Guiomar, quien será su amor de la madurez.

Manifestaciones contra la dictadura.
Escrivá de Balaguer funda en Madrid el Opus Dei.
García Lorca: *Romancero gitano;* Jorge Guillén: *Cántico;* Valle Inclán: *¡Viva mi dueño!;* Vicente Aleixandre: *Ámbito.*
Muere Blasco Ibáñez.

1929 Lola Membrives estrena el 8 de noviembre, en el Teatro Fontalba de Madrid, el mayor éxito teatral de los Machado: *La Lola se va a los puertos,* obra que logra captar "lo esencial andaluz".
Publica en la *Revista de Occidente* las *Canciones a Guiomar.* Colabora en *La Gaceta literaria.*

Revueltas estudiantiles culminan con el cierre de las universidades.
Fracasa un pronunciamiento iniciado en Valencia y Ciudad Real.
Alberti: *Sobre los ángeles;* Salinas: *Seguro azar;* Remarque: *Sin novedad en el frente.*
Salen deportados numerosos intelectuales.
Salvador Dalí y Luis Buñuel filman *Un perro andaluz.*

1930 Colabora principalmente en *El Imparcial.* Desarrolla su tarea en Segovia, donde se encontrará al proclamarse la República.

Dimite Primo de Rivera, quien muere en París algunos meses más tarde.
Se firma el pacto de San Sebastián, del que saldrá el primer gobierno Provisional de la República.
Regresa Unamuno, aclamado por los estudiantes.
García Lorca estrena *La zapatera prodigiosa.* Alberti escribe la *Elegía cívica;* Unamuno, *San Manuel Bueno;* Ramón Sender,

Imán; Valle Inclán, *Martes de carnaval*.
Luis Buñuel filma *La edad de oro*.

1931 Adhiere a la Agrupación al servicio de la República. Para el 15 de abril se traslada a Madrid, destinado a la cátedra de francés del Instituto Calderón de la Barca.
Continúa publicando *Abel Martín* en la *Revista de Occidente*.
Sevilla nombra a los Machado, hijos adoptivos de la ciudad.
El 24 de abril se estrena *La prima Fernanda*.
Trabaja en el borrador de su proyecto de Discurso de ingreso en la Academia, que dejó inconcluso y que llegó a ser conocido gracias a su hermano José.
Continúa asistiendo a las tertulias de los cafés madrileños.

1932 El 26 de marzo se estrena *La duquesa de Benamejí*.
Participa (junto a Unamuno, Juan Ramón, Lorca, Américo Castro...) del homenaje a Valle Inclán.
El 2 de octubre, el Ayuntamiento de Soria lo nombra hijo adoptivo de la ciudad. Con este motivo escribe en *El Porvenir Castellano*.

12 de abril. Se celebran en España elecciones municipales que dan el triunfo a los candidatos republicanos y socialistas. Alfonso XIII abandona España. El día 15 se constituye el Gobierno Provisional de la República, bajo la presidencia de Niceto Alcalá Zamora, quien será proclamado presidente el 9 de diciembre. Alemania continúa su carrera armamentista.
Charles Chaplin dirige *Luces de la ciudad*. García Lorca: *Así que pasen cinco años*, *El retablillo de don Cristóbal*, *Poeta en Nueva York*; Alberti: *El hombre deshabitado*; Salinas; *Fábula y signo;* Gómez de la Serna: *Ismos*.

Se promulgan varias leyes: la de matrimonio civil, la de divorcio, la de asociaciones entre patrones y obreros.
Huelgas generales.
El gobierno de la República disuelve la Compañía de Jesús.
Se crea el teatro universitario "La Barraca", que dirige Lorca.
Aleixandre publica *Espadas como labios*; Gerardo Diego: *Poesía española. Antología 1915-1931*. Aparece la revista *Cruz y Raya*, dirigida por José Bergamín.

1933 Tercera edición de *Poesías completas*, que incluye "Muerte de Abel Martín." En *El Sol* aparecen las *Ultimas lamentaciones de Abel Martín*.
"La Barraca" estrena la versión escénica de *La tierra de Alvar-gonzález*.
Es miembro del Patronato de Misiones Pedagógicas.

Hitler es nombrado Canciller de Alemania. Sostenido por los partidos de derecha, recibe plenos poderes.
José Antonio Primo de Rivera funda Falange española. Asimismo se funda la CEDA, confederación de fuerzas de derecha.
García Lorca: *Bodas de sangre, Amor de don Perlimplín;* Salinas: *La voz a ti debida;* Miguel Hernández: *Perito en lunas.*
Alberti funda la revista *Octubre.*

1934 Comienza a publicar *Juan de Mairena* en las columnas del *Diario*, de Madrid.

La Falange se fusiona con la J.O.N.S. (Junta de ofensiva nacional sindicalista).
Polonia y Alemania firman un pacto de no agresión. Hitler se encuentra con Mussolini en Venecia.
García Lorca: *Llanto por Ignacio Sánchez Mejías;* Casona: *La sirena varada;* Hernández: *Quién te ha visto y quién te ve...*
Buñuel filma *Tierra sin pan.*

1935 Continúa publicando *Juan de Mairena* en *Diario de Madrid*, luego en *El Sol*.
Participa del comité de intelectuales para la Defensa de la Cultura.
Traslada la cátedra al Instituto Lope de Vega de Madrid.

Crisis ministerial. Alcalá Zamora disuelve las Cortes.
García Lorca: *Yerma, Doña Rosita la soltera;* Aleixandre: *La destrucción o el amor.*

1936 Aparecen editados por Espasa Calpe, la cuarta edición de *Poesías completas* y *Juan de Mairena. Sentencias, donaires, apuntes y recuerdos de un profesor apó-*

El Frente Popular triunfa en las elecciones. Manuel Azaña asume como presidente de la República. El General Francisco Franco inicia

crifo. Crítica y público lo aplauden. Envía unas cuartillas al homenaje a Valle Inclán. Escribe "El crimen fue en Granada", elegía a la muerte de Lorca. Alberti y León Felipe le aconsejan que deje la capital. Sale de Madrid con su madre, sus hermanos José, Francisco y Joaquín —con sus mujeres— y sus ocho sobrinos. Vive con su madre, su hermano José y las hijas de éste, en las cercanías de Valencia.

una sublevación militar desde el Marruecos español, dividiendo el país en dos bandos. Alemania e Italia participan en el conflicto. En enero muere Valle Inclán.

García Lorca termina de escribir *La casa de Bernarda Alba* y es asesinado en agosto.

Miguel Hernández: *El rayo que no cesa;* Salinas: *Razón de amor.* Charles Chaplin rueda *Tiempos modernos.*

El último día del año muere Unamuno.

José Antonio Primo de Rivera es condenado a muerte por el tribunal popular y fusilado en noviembre. Franco hace de la Falange la base de su partido único.

En noviembre comienza el asedio de Madrid por las fuerzas franquistas. El gobierno se traslada a Valencia.

Se crea en Londres el Comité de no Intervención, con la participación de la mayoría de los países europeos, sin embargo, Hitler y Mussolini apoyarán con sus fuerzas a Franco; la Unión Soviética y las Brigadas Internacionales Antifascistas, a la República.

1937 Escribe, para *Hora de España,* lo que será el segundo tomo de *Juan de Mairena.*

Espasa Calpe edita su último libro publicado en vida, *La guerra,* con ilustraciones de su hermano José.

Las fuerzas franquistas ocupan la zona norte.

En abril, la Legión Cóndor alemana bombardea y destruye la ciudad vasca de Guernica.

En julio se realiza en Valencia el

Participa en el Congreso Internacional de Escritores con el discurso "Sobre la defensa y la difusión de la cultura".
Colabora en *Madrid, Cuadernos de la Casa de la Cultura*, cuyo patronato preside.

Congreso Internacional de Escritores.
Miguel Hernández: *Viento del pueblo;* Alberti: *El poeta en la calle.* Ortega y Gasset escribe en París el *Prólogo para franceses* de *La rebelión de las masas.*

1938 En marzo se traslada a Barcelona junto con su madre, su hermano José y la familia de éste. Continúa escribiendo para *Hora de España* (verso y prosa).
Colabora habitualmente en *La Vanguardia* de Barcelona ("Desde el mirador de la guerra"). Escribe el prólogo para una nueva edición de *La corte de los milagros*, de Valle Inclán

En julio, las fuerzas republicanas inician la última ofensiva en la batalla del Ebro. Luego de un largo y sangriento combate, deben replegarse (noviembre).
En septiembre se firma en Munich el pacto entre Inglaterra, Francia, Italia y Alemania, que determina la entrega a esta última de un importante territorio de Checoslovaquia.
Miguel Hernández: *El hombre acecha.*

1939 El 22 de enero sale de Barcelona con su familia y varios intelectuales rumbo a Francia. Descansan hasta el día 28 en los alrededores de Gerona, mientras la ciudad es bombardeada por los aviones nacionales. Cruzan la frontera durante la noche. Debe abandonar en el camino algunas maletas; así pierde las cartas de Guiomar y los poemas que le había dedicado, con los que pensaba formar un nuevo libro.
El día 29 se niega a continuar hacia París y se instala en el pueblito costero de Collioure, en el Hotel Bougnol-Quintana. Su madre, su hermano, cuñada y sobrinas continúan acompañándolo.
Sin recuperarse del dolor del exilio, afectado de pulmonía y con un gran debilita-

El 4 de enero se inicia la batalla de Cataluña. El ejército republicano no cuenta con fuerzas materiales ni morales para defenderla. El día 22, el Gobierno ordena la evacuación de Barcelona de todos los organismos oficiales. Comienza el éxodo de la población hacia la frontera francesa, que queda cerrada el 13 de febrero.
En marzo, cae Madrid, tras la dimisión de Azaña y graves choques entre las fuerzas republicanas. Los intentos de negociar con Franco una "paz honrosa" se convirtieron en una rendición incondicional.

miento del corazón, muere el 22 de febrero a las 4 de la tarde. Su féretro, cubierto con la bandera republicana y llevado por seis soldados del ejército vencido, recibe sepultura al día siguiente en el cementerio de la localidad.
Dos días después muere su madre.

La marina franquista impide también la posibilidad de escapar por mar. Los prisioneros son trasladados a campos de concentración o ejecutados.
El 1 de abril Franco anuncia: "En el día de hoy, cautivo y desarmado el ejército rojo, han alcanzado las tropas nacionales sus últimos objetivos militares. La guerra ha terminado".
En septiembre, Alemania invade Polonia.
Comienza la Segunda Guerra Mundial.

1941

Franco sanciona *post mortem* la figura de Machado por "expediente de depuración", anulado en 1982 por el rey Juan Carlos: el poeta es así rehabilitado como catedrático de Institutos Nacionales.

"¿Soy clásico o romántico? No sé..."
(Retrato)

A su llegada a Soria, 1907.

Leyendo, revisando, volviendo a leer, fuimos recogiendo la
palabra de Machado (cada número remite al texto de donde se
sacó la cita). Después pensamos las preguntas para que esas
palabras se integraran en un diálogo. Surgió así nuestro repor-
taje: claro que es ficticio, apócrifo, inventado, pero es Machado
y Machado textual, entre comillas. Y así organizamos la

INTRODUCCIÓN

Estamos en Collioure, un pueblito francés a orillas del mar, cerca
de la frontera, al que, desde principios de este año '39, han llegado
varios españoles dejando atrás la perdida República. Don Antonio
Machado y su familia se han instalado en dos habitaciones del Hotel
Bougnol-Quintana. Hace pocos días, un amigo del poeta, secretario
de la embajada española en París, le envió el dinero necesario para
que pudieran vivir sin preocupación económica. Pero el poeta se halla
herido de muerte, no sólo por su enfermedad, agravada por la tragedia
del éxodo, sino por la honda pena de haber dejado España.

Nos animamos a acercarnos a él para que nos hable de sus
ilusiones, sus recuerdos, sus esperanzas... Desde una de las ventanas
del hotel, don Antonio contempla el mar y luego de un rato nos dice,
señalando a unas de las humildes casitas de los pescadores:

—Quién pudiera vivir ahí,... libre ya de toda preocupación[1].

— ¿Quisiera continuar aquí, don Antonio?

—Podría continuar aquí, en Collioure, en las condiciones actuales
o bien trasladarme a alguna localidad no lejana donde poder vivir en
un pisito amueblado en las condiciones más modestas[2].

—¿Y tiene ganas de trabajar?

—Ahora que está uno tan viejo, tiene más ganas de trabajar que
nunca. Yo no paraba. Hacía mensualmente mis cuartillas para *Hora
de España*, esa revista de jóvenes, y casi a diario escribía para la
Subsecretaría de Propaganda. ¡Hay que trabajar, qué demonio![3]

1 Citado por José Machado en: *Ultimas soledades del poeta Antonio Machado*, 1971.
2 Carta a José Bergamín del 9 de febrero de 1939.
3 Entrevista del periodista Eduardo de Ontañón durante la residencia del poeta en
  Barcelona, 1938.

31

—*Bueno, usted siempre lo ha hecho; desde las lejanas colaboraciones en la revista* La Caricatura, *junto a su hermano Manuel.*
—Es para mí una tremenda desgracia este estar separado de Manuel. El es un gran poeta. El, además de mi hermano, ha sido mi colaborador fiel en una serie de obras teatrales; sin su ánimo, nunca esas obras hubieran sido escritas. La vida es cruel a veces, y excesivamente dura. Mas este dolor nuestro, por profundo que sea, no es nada comparado con tanta catástrofe como va cayendo sobre el pecho de los hombres[4]...
—*¿Qué le repugna más de la guerra, don Antonio?*
—No debe el hombre disponer de la vida del hombre... Lo verdaderamente inaceptable es que el hombre mate a su prójimo, es decir que "disponga de su muerte". Esto es lo verdaderamente criminal y lo absurdo[5]...
—*¿Sería un caso, como muchos consideran, de "morir por la Patria"...?*
—La Patria es, en España, un sentimiento sencillamente popular, del cual suelen jactarse los señoritos. En los trances más duros, los señoritos la invocan y la venden, el pueblo la compra con su sangre[6]...
—*¿En un sentido de "pertenencia sentimental"?*
—La patria no es una finca heredada de nuestros abuelos; buena no más para ser defendida a la hora de la invasión extranjera... es algo que se hace constantemente y se conserva sólo por la cultura y el trabajo. El pueblo que la descuida o la abandona, la pierde, aunque sepa morir... No es patria el suelo que se pisa, sino el suelo que se labra: no basta vivir sobre él, sino para él[7].
—*¿Y cuál sería entonces la misión del poeta frente a la patria?*
—Algunos creen que los poetas deben cantarla, loarla... Otros piensan que los poetas no la cantan, la revelan. Con éstos estoy[8].
—*¿Así estuvo orientada su actividad desde el nacimiento de la República?*

4 Citado por Plá y Beltrán, corresponde a la visita que le hace al poeta en Valencia, 1936.
5 De *Notas del Tiempo. Voces de calidad.* "Habla Juan de Mairena". *Servicio Español de Información,* 31-XII-1937.
6 "Juan de Mairena", en *Hora de España,* 1937.
7 "Nuestro patriotismo y la marcha de Cádiz", en *La Prensa de Soria al 2 de Mayo de 1808,* 1908.
8 Texto de 1909, citado por Rubén Darío en *La Nación* de Buenos Aires.

—Por su advenimiento trabajé en la medida de mis fuerzas, y siempre dentro de los cauces que yo estimaba legítimos. Cuando se implantó la República la saludé con alborozo y me apresté a servirla, sin aguardar de ella ninguna ventaja material[9].

—*¿Recuerda usted aquel 14 de abril de 1931?*

—¡Aquellas horas, Dios mío, tejidas todas ellas con el más puro lino de la esperanza, cuando unos pocos viejos republicanos izamos la bandera tricolor en el Ayuntamiento de Segovia...! Fue aquél un día de júbilo en Segovia. Pronto supimos que lo fue en toda España. Un día de paz que asombró al mundo entero[10].

—*¿Pero usted pertenecía ya a un partido de tendencia republicana?*

—Carezco de filiación de partido, no la he tenido nunca, aspiro a no tenerla jamás. Mi ideario político se ha limitado siempre a aceptar como legítimo solamente el Gobierno que representa la voluntad libre del pueblo[11].

—*¿Y cuando el pueblo expresa su voluntad por medios más violentos, cuando se plantea la necesidad de una revolución?*

—La revolución no consiste en volverse loco y lanzarse a levantar barricadas. Es algo menos violento, pero mucho más grave. Rota la continuidad evolutiva de nuestra historia, sólo cabe saltar hacia el mañana, y para ello se requiere el concurso de mentalidades creadoras, porque, sin ellas, la revolución es la catástrofe[12].

—*¿Es por eso que usted se ha mostrado admirador de la revolución rusa? ¿Usted se siente partidario del marxismo?*

—Desde un punto de vista teórico, yo no soy marxista, no lo he sido nunca, es muy posible que no lo sea jamás. Mi pensamiento no ha seguido la ruta que desciende de Hegel o Carlos Marx. Tal vez porque soy demasiado romántico, por el influjo, acaso, de una educación demasiado idealista, me falta simpatía por la idea central del marxismo: me resisto a creer que el factor económico, cuya enorme importancia no desconozco, sea el más esencial de la vida humana y el gran motor de la historia[13].

—*Es interesante ver en sus textos —principalmente desde la*

9 Carta a María Luisa Carnelli, 1938.
10 *Juan de Mairena*, II.
11 Carta a María Luisa Carnelli, 1938.
12 Discurso en un acto de la Agrupación al Servicio de la República, 1931.
13 Discurso a las Juventudes Socialistas Unificadas, 1937.

aparición de Juan de Mairena— una marcada tendencia política. ¿Usted se considera un escritor político?

—La política es una actividad importantísima... Mairena nunca aconsejaba el apoliticismo, sino el desdeño de la política mala que hacen trepadores sin otro propósito que el de obtener ganancia y colocar parientes[14].

—*¿Cuál sería entonces la mejor manera de enfrentarse con la política?*

—Debe hacerse a cara descubierta; en el peor caso con máscara política, sin disfraz de otra cosa; por ejemplo: de literatura, de filosofía, de religión. Porque de otro modo se contribuirá a degradar actividades tan excelentes, por lo menos, como la política, y a enturbiarla[15].

—*Ya que hablamos de política, uno de los temas con que se ha enfrentado siempre el Estado, es el de saber de qué manera, según las intenciones, hacer llegar la cultura al pueblo. ¿Cuál es su opinión al respecto?*

—Difundir la cultura no es repartir un caudal ilimitado entre muchos para que nadie lo goce por entero, sino despertar las almas dormidas y acrecentar el número de los capaces de espiritualidad. Y mientras mayor sea el número de despiertos[16]...

—*¿Y esta tarea, a cargo de quiénes estaría? ¿De los intelectuales?*

—¿Intelectuales? ¿Por qué no? Pero nunca virtuosos de la inteligencia. La inteligencia ha de servir para algo, aplicarse a algo, aprovechar a alguien[17].

—*Aprovechar al pueblo, por ejemplo. Es evidente que usted ha escrito para el pueblo.*

—¡Qué más quisiera yo! Deseoso de escribir para el pueblo, aprendí de él cuanto pude, mucho menos, claro está, de lo que él sabe[18].

—*¿Cómo definiría usted esta posibilidad?*

—Escribir para el pueblo es escribir para el hombre de nuestra

14 *Juan de Mairena*, I.
15 Ibidem.
16 Discurso de ingreso a la Real Academia, 1931.
17 Cita de M. Tuñón de Lara, pág. 279. V. Bibliografía.
18 Discurso en el Congreso Internacional de Escritores Antifascistas, 1937.

raza, de nuestra tierra, de nuestra habla, tres cosas inagotables que no acabamos nunca de conocer. Escribir para el pueblo es llamarse Cervantes, Shakespeare, Tolstoi[19]...

—*Sin embargo, don Antonio, esta idea no aparecía en su primer libro. ¿Quiere usted hablarnos de* Soledades?

—El libro apareció en enero de 1903, pero sus composiciones fueron escritas entre 1899 y 1902[20].

—*El momento en que Rubén Darío era ídolo de una selecta minoría, aunque combatido ferozmente por la crítica...*

—Yo también admiraba al autor de *Prosas profanas*, el maestro incomparable de la forma y de la sensación... Pero yo pretendí seguir camino bien distinto[21].

—*¿Y en qué consistía esa intención de diferenciarse del Modernismo de Rubén?*

—Pensaba yo que el elemento poético no era la palabra por su valor fónico, ni el color ni la línea, ni un complejo de sensaciones, sino una honda palpitación del espíritu; lo que pone el alma, si es que algo pone, o lo que dice, si es que algo dice, con su voz propia, en respuesta animada al contacto del mundo[22].

—*¿Y en 1912, cuando aparece* Campos de Castilla?

—Ya era muy otra mi ideología... Pensé que la misión del poeta era inventar nuevos poemas de lo eterno humano, historias animadas que, siendo suyas, viviesen, no obstante, por sí mismas[23].

—*¿Es por eso que eligió el romance como la mejor forma para contar estas historias?*

—Mis romances no emanaban de las heroicas gestas, sino del pueblo que los compuso y de la tierra donde se cantaron... Miran a lo elemental humano[24].

—*¿Quiere decir, entonces, que la poesía sería el "producto" del sentimiento del poeta?*

—El sentimiento no es una creación del sujeto individual, una

19 Ibidem.
20 Prólogo a la edición de 1917 de *Páginas escogidas*.
21 Ibidem.
22 Ibidem.
23 Ibidem.
24 Ibidem.

elaboración cordial del Yo con materiales del mundo externo. Hay siempre en él una colaboración del Tú, es decir, de otros sujetos... Sin salir de mí mismo, noto que en mi sentir vibran otros sentires y que mi corazón canta siempre en coro[25].

—*¿Se trata por lo visto, de una cuestión de ''voces''?*

—Si la voz de mi corazón, es para mí la mejor timbrada, que lo sea también para los demás: éste es el problema de la lírica[26].

—*¿Y cómo es esa lírica, don Antonio?*

—Pienso, como en los años del Modernismo literario (los de mi juventud), que la poesía es la palabra esencial en el tiempo... Al poeta no le es dado pensar fuera del tiempo, porque piensa su propia vida que no es, fuera del tiempo, absolutamente nada[27].

—*¿Entonces, una poesía ''metafísica''?*

—Todo poeta supone una metafísica; acaso cada poema debiera tener la suya implícita, claro está, nunca explícita—, y el poeta tiene el deber de exponerla, por separado, en conceptos claros[28].

—*Si el poeta piensa su propia vida en el tiempo, el recuerdo aparece como uno de los temas fundamentales de su poesía, y sobre todo el recuerdo del amor, de la mujer amada... ¿Cómo era Leonor, don Antonio?*

—Era menuda y trigueña, de alta frente y de ojos oscuros... Yo creo que me enamoré de ella desde que la vi... La seguía de lejos por la orilla del Duero cuando Leonor salía de paseo con sus tías y hermanillos, entre los chopos y los álamos, o tras de mi ventana la miraba en el balcón frontero... Pero tardé casi dos años en decidirme... Usted sabe, la diferencia de edades. Pero, cuando se lo dije a mi madre... ella me dio el visto bueno[29].

—*Y, finalmente, hubo boda...*

—Sí, el 30 de julio de 1909, en la Iglesia de Nuestra Señora la Mayor, en Soria, claro. Mi madre fue la madrina y el tío de Leonor,

25 ''Problemas de la lírica'', en *Los Complementarios*, 1917.
26 Ibidem.
27 *Poética*, dirigida a Gerardo Diego, 1931. Figura en la *Antología de poetas españoles contemporáneos*, 1932.
28 *Juan de Mairena*, I.
29 Recuerdos de amigos de la familia de Leonor, citados por José L. Cano, págs. 84-86. V. Bibliografía.

el padrino. Pero el trayecto de la comitiva, desde la casa de Leonor hasta la plaza Mayor, donde estaba la Iglesia, fue un verdadero suplicio para mí. Claro, yo tenía treinta y cuatro años y Leonor, quince. Esa misma noche tomamos el tren para Zaragoza[30].

—*Usted ha comentado alguna vez que fue una época muy feliz.*

—Si la felicidad es algo posible y real —lo que a veces pienso—, yo la identificaría mentalmente con los años de mi vida en Soria y con el amor de mi mujer. Su recuerdo constituye el fondo más sólido de mi espíritu[31].

—*¿Cuándo se realizó su nueva visita a París, esta vez acompañado por Leonor?*

—En enero de 1911. En París visitamos a Rubén, que dirigía la revista *Mundial*; vivía allí con su mujer, Francisca Sánchez, el hijo de ambos, Rubencito, y la hermana de Francisca, María. Paca y María se hicieron amigas de Leonor y salían juntas de paseo[32].

—*Mientras usted seguía estudios en la Universidad...*

—Los de Bédier, Maillet sobre Lengua y Literatura francesas, y con más interés, el de Henri Bergson de Filosofía. El aula donde daba su clase era la mayor del Colegio de Francia y estaba siempre rebosante de oyentes. Bergson era un hombre frío, de ojos muy vivos... Su palabra era perfecta, pero no añadía nada a su obra escrita. Entre sus oyentes había muchas mujeres[33].

—*¿Y sus estudios en Madrid, cómo fueron?*

—Mis estudios de Filosofía en Madrid han sido muy tardíos —1915-1917—. Cursé como alumno libre la sección de Filosofía siendo ya profesor... La necesidad de un título académico, fue, en verdad, el pretexto para consagrar unos cuantos años a una afición de toda la vida[34].

—*Esa afición que dio lugar al nacimiento de Juan de Mairena. ¿Puede decirse de él que es su "alter ego"?*

—Sí... es mi "yo" filosófico... Le placía dialogar conmigo a solas, en la intimidad de mi gabinete de trabajo y comunicarme sus impresiones sobre todos los hechos. Mira las cosas con su criterio librepen-

---

30 Ibidem.
31 Carta a Pedro Chico, 1919.
32 José Luis Cano, op. cit., pág. 94.
33 *Los Complementarios*, v. Antología.
34 Carta a Federico de Onís, 1932.

sador, un poco influenciado por su época de fines del siglo pasado, lo cual no obsta para que ese juicio de hace veinte o treinta años pueda seguir siendo completamente actual dentro de otros tantos años[35].

—*Es característica en el pensamiento de Mairena, su firme convicción sobre la dignidad del hombre.*

—No he dudado nunca de la dignidad del hombre. "Nadie es más que nadie", como se dice por tierras de Castilla. Esta dignidad es lo más noble en él, el más potente recurso de su conducta. El hombre es el único animal que quiere salvarse, sin confiar para ello en el curso de la naturaleza. Esto es lo específicamente humano[36].

—*¿Como lo es la muerte?*

—Lo específicamente humano es creer en la muerte; ella va con nosotros, nos acompaña en nuestra vida, es cosa de nuestro cuerpo[37].

—*Mairena meditó sobre la muerte como lo había hecho don Miguel de Unamuno.*

—El gran español que todos esperábamos. La vida de don Miguel de Unamuno fue toda ella una meditación sobre la muerte, y una egregia y luminosa agonía. ¿De qué otro modo podía morir, sino luchando consigo mismo, con su hombre esencial y con su mismo Dios?[38].

—*¿Y la agonía de Leonor, don Antonio? Ella enfermó cuando ustedes estaban en París.*

—Justamente el 13 de julio; París entero bailaba en las calles. Recién a la mañana siguiente pude llevarla a un sanatorio de la calle Saint-Denis. Luego de unos días me aconsejaron que volviéramos a Soria, porque el clima de París era aún más peligroso. Regresamos en septiembre, con dinero prestado por Rubén, porque todo había quedado en hotel y sanatorio[39].

—*Al año siguiente apareció* Campos de Castilla.

—Uno de los ejemplares, le dediqué: "A mi Leonorina de mi alma", escribí[40].

—*¿Y cuando ella murió?*

---

35 Entrevista en *La Voz de Madrid*, París, 1938.
36 *Juan de Mairena*, I.
37 Ibidem.
38 *Revista de las Españas*, 1938.
39 Citas de José L. Cano, op., cit., págs. 95 y 100.
40 Ibidem.

—Cuando perdí a mi mujer pensé pegarme un tiro. El éxito de mi libro me salvó, y no por vanidad, ¡bien lo sabe Dios!, sino porque pensé que si había en mí una fuerza útil no tenía derecho a aniquilarla... Mi mujer era una criatura angelical segada por la muerte cruelmente. Yo tenía adoración por ella, pero sobre el amor está la piedad[41]...

—*Luego de su traslado a Baeza pudo encontrarse con su recuerdo y escribirle sus poemas elegíacos.*

—Sí, como "Caminos", y un año después de mi llegada a Baeza escribí el poema a José María Palacio, mi amigo de Soria. Empecé a reponerme de una honda crisis que me hubiera llevado al aniquilamiento espiritual... Volví a las lecturas filosóficas, únicas de verdad que me apasionaban. Leí a Platón, a Leibniz, a Kant, a los grandes poetas del pensamiento. Paseaba y leía mucho[42].

—*¿Ese gusto por los paseos se fue desarrollando desde la época de sus estudios en Sevilla?*

—Me eduqué en la Institución Libre de Enseñanza. A sus maestros guardo vivo afecto y profunda gratitud. Los tres maestros que más he querido fueron, sin dudas, don Francisco Giner, don Manuel Bartolomé Cossío y el señor Caso, director de estudios[43].

—*¿Cuáles son sus recuerdos de entonces, don Antonio?*

—Mis recuerdos de Sevilla son todos infantiles, porque a los ocho años pasé a Madrid, adonde mis padres se trasladaron[44].

—*¿Y sus estudios del bachillerato?*

—Fueron, realmente, una pesadilla. En 1889 aprobé el examen de ingreso en el Instituto de San Isidro, pero al examinarme como libre en el primer año, me suspendieron en Latín, Castellano y en Historia de España. Entonces, para el curso 1890-91, me trasladé al Cardenal Cisneros. Hasta 1892 aprobé algunos cursos. Entre 1893 y 1896 no di exámenes, porque murieron mi padre y mi abuelo. Pero cuando regresé de París, en 1899, estaba decidido a terminar los estudios de bachiller. Claro, tenía ya 24 años. Logré la certificación en septiembre de 1900[45].

—*¿Recuerda alguna anécdota de aquellos días?*

41 Cartas a Juan Ramón Jiménez y a Miguel de Unamuno; Baeza, 1912.
42 Cartas a José Ortega y Gasset, 1913.
43 Prólogo a *Páginas escogidas*, 1917.
44 Ibidem.
45 Citado de José L. Cano, op. cit., pág. 29-30.

—Los bachilleres de mi tiempo estudiábamos una química a ojo de buen cubero, que se detenía en los umbrales de la química orgánica y en una lección de funesta memoria para mí, que se titulaba ''Brevísima idea de los hidrocarburos''. Era la última y más extensa lección del libro y la única que no alcancé a estudiar. Por desdicha, me tocó en suerte a la hora del examen. ''Los hidrocarburos —dije yo con voz entrecortada por el terror al suspenso inevitable— son unas sustancias compuestas de hidrógeno y de carbono.'' Y como el catedrático me invitase a continuar, añadí humildemente: ''Como dice: *Brevísima idea...* '' Por supuesto, no aprobé la asignatura[46].

—*No aparece en sus poemas de entonces la figura de una mujer; sólo en el momento del encuentro con Leonor el tema se hace más importante, hasta que, finalmente, aparece Guiomar, el nuevo amor que llega cuando usted tiene 54 años.*

—¿Quién habrá que desdeñe el amor aunque le llegue cuando el sueño perdurable comience a turbarle los ojos?... El hombre que en plena juventud no logró inquietar demasiado el corazón femenino, y ya en su madurez vio claro que los caminos de don Juan no eran los suyos, se siente algo desconcertado y perplejo si alguna bella dama le brinda sus favores[47]...

—*¿Y cuál es el secreto de este gran amor?*

—El secreto es sencillamente que yo no he tenido más amor que éste. Mis otros amores sólo han sido sueños, a través de los cuales vislumbraba yo la mujer real, la diosa. Cuando ésta llegó, todo lo demás se ha borrado. Solamente el recuerdo de mi mujer queda en mí, porque la muerte y la piedad lo han consagrado[48].

—*¿El amor de Guiomar fue también inmediato?*

—Cuando nos vimos, no hicimos sino recordarnos. A mí me consuela pensar esto, que es lo platónico. Esta teoría del recuerdo en el amor puede también explicar la angustia que va siempre unida al amor. Porque el amor verdadero —no lo que los hombres llaman así— empieza con una profunda amargura. Quien no ha llorado —sin motivo aparente— por una mujer, no sabe nada de amor. Así el amante, el enamorado, recuerda a la amada, y llora por el largo olvido en que la tuvo antes de conocerla[49].

46 *Juan de Mairena*, I.
47 Discurso de Ingreso a la Academia, 1931.
48 Cartas a Guiomar. V. Bibliografía.
49 Ibidem.

—*Esta vez fue la guerra la causa de la separación, ya que Guiomar se marchó a Portugal con su familia. ¿Cómo vivió usted este momento?*

—Hay que buscar razones para consolarse de lo inevitable. Así pienso yo que los amores, aun los más "realistas", se dan en sus tres cuartas partes en el retablo de nuestra imaginación. Por eso la ausencia tiene también su encanto, porque, al fin, es un dolor que se espiritualiza con el recuerdo de las presencias[50].

—*Usted nos habla del consuelo frente a lo inevitable, y tenemos que volver a hablar de la muerte. ¿Tiene usted miedo a la muerte, don Antonio?*

—Todo consiste en *cómo* morir. Hay que saber reír, escribir buenos versos, llevar una vida buena, tener una buena muerte... Cuando ya no hay porvenir por estar cerrado el horizonte a toda esperanza, es ya la muerte lo que llega[51].

—*¿De allí la importancia de la "memoria", como sostiene Manrique en sus Coplas?*

—Por eso Mairena aconsejaba que cuando queden pocas horas de vida hay que recordar el dicho español "De cobardes no se ha escrito nada" y vivir esas horas recordando que es preciso que se escriba algo[52].

—*Gracias, don Antonio; escribiremos algo sobre usted.*

---

50 Ibidem.
51 *Memorias* de Ilya Ehrenburg y libro de José Machado (V.n.1).
52 *Juan de Mairena*, II.

41

LA EDICIÓN

Los textos de la presente Antología han sido seleccionados de:
•*Poesías.* Buenos Aires, Losada, 20a. edición, 1988.
•*Abel Martín. Cancionero de Juan de Mairena. Prosas varias.*
Buenos Aires, Losada, 2a. edición, 1953.
•*Juan de Mairena, Sentencias, donaires, apuntes y recuerdos de un profesor apócrifo,* I y II. Buenos Aires, Losada, 3a. edición, 1957.
•*Los complementarios y otras prosas póstumas.* Ordenación y nota preliminar de Guillermo de Torre. Buenos Aires, Losada, 1957.

"Otra vez —¡otra vez!— oh triste España
....
cuánto acrisola el seno de la tierra
se ofrece a la ambición, ¡todo vendido!"
(Soneto VII)

El poeta a su llegada a Collioure, 1939.

JOSÉ AGUSTÍN GOYTISOLO

HISTORIA CONOCIDA

Hace tiempo hubo un hombre, entre nosotros,
alegre, iluminado,
que amó, vivió y cantaba hasta la muerte,
libre como los pájaros.

Es una historia conocida, amigos,
todos la recordamos;
—viento del pueblo, se perdió en el pueblo—
pero no ha terminado.

¡Qué bonito sería! Nace, escribe,
muere desamparado.
Se estudian sus poemas, se le cita,
y a otra cosa, muchachos.

Pero su nombre continúa, sigue,
como nosotros, esperando,
el día que este asunto, y otros muchos,
se den por terminados.

De *Claridad*

POESÍA

SOLEDADES

(1899-1907)

He andado muchos caminos,
he abierto muchas veredas;
he navegado en cien mares
y atracado en cien riberas.

En todas partes he visto
caravanas de tristeza,
soberbios y melancólicos
borrachos de sombra negra,

Y pedantones al paño
que miran, callan, y piensan
que saben, porque no beben
el vino de las tabernas.

Mala gente que camina
y va apestando la tierra...

Y en todas partes he visto
gentes que danzan o juegan,
cuando pueden, y laboran
sus cuatro palmos de tierra.

Nunca, si llegan a un sitio,
preguntan adónde llegan.
Cuando caminan, cabalgan
a lomos de mula vieja,

y no conocen la prisa
ni aun en los días de fiesta.
Donde hay vino, beben vino;
donde no hay vino, agua fresca.

Son buenas gentes que viven,
laboran, pasan y sueñan,
y en un día como tantos
descansan bajo la tierra.

RECUERDO INFANTIL

Una tarde parda y fría
de invierno. Los colegiales
estudian. Monotonía
de lluvia tras los cristales.

Es la clase. En un cartel
se representa a Caín
fugitivo, y muerto Abel
junto a una mancha carmín[1].

Con timbre sonoro y hueco
truena el maestro, un anciano
mal vestido, enjuto[2] y seco,
que lleva un libro en la mano.

Y todo un coro infantil
va cantando la lección;
mil veces ciento, cien mil,
mil veces mil, un millón.

Una tarde parda y fría
de invierno. Los colegiales
estudian. Monotonía
de la lluvia en los cristales.

---

1 *En un cartel... mancha carmín:* típica representación de la escena bíblica que muestra a Caín —uno de los hijos de Adán y Eva— que huye luego de asesinar a su hermano Abel.
2 *enjuto:* delgado, magro.

Yo escucho los cantos
de viejas cadencias
que los niños cantan
cuando en coro juegan
y vierten en coro
sus almas que sueñan,
cual vierten sus aguas
las fuentes de piedra:

con monotonías
de risas eternas
que no son alegres,
con lágrimas viejas
que no son amargas,
y dicen tristezas,
tristezas de amores
de antiguas leyendas.

En los labios niños,
las canciones llevan
confusa la historia
y clara la pena;
como clara el agua
lleva su conseja
de viejos amores
que nunca se cuentan.

Jugando a la sombra
de una plaza vieja,
los niños cantaban...
La fuente de piedra
vertía su eterno
cristal de leyenda.

Cantaban los niños
canciones ingenuas,
de un algo que pasa
y que nunca llega:
la historia confusa
y clara la pena.

Seguía su cuento
la fuente serena;
borrada la historia,
contaba la pena.

Yo voy soñando caminos
de la tarde. ¡Las colinas
doradas, los verdes pinos,
las polvorientas encinas!...
¿Adónde el camino irá?
Yo voy cantando, viajero
a lo largo del sendero...
—la tarde cayendo está—.
''En el corazón tenía
la espina de una pasión;
logré arrancármela un día;
ya no siento el corazón ''

Y todo el campo un momento
se queda, mudo y sombrío,
meditando. Suena el viento
en los álamos del río.

La tarde más se oscurece;
y el camino que serpea
y débilmente blanquea
se enturbia y desaparece.

Mi cantar vuelve a plañir:
"Aguda espina dorada,
quién te pudiera sentir
en el corazón clavada".

DEL CAMINO

Daba el reloj las doce... y eran doce
golpes de azada en tierra...
...¡Mi hora! —grité—. ...El silencio
me respondió: —No temas;
tú no verás caer la última gota
que en la clepsidra³ tiembla.

Dormirás muchas horas todavía
sobre la orilla vieja,
y encontrarás una mañana pura
amarrada tu barca a otra ribera.

El sol es un globo de fuego,
la luna es un disco morado.

Una blanca paloma se posa
en el alto ciprés centenario.

Los cuadros de mirtos parecen
de marchito velludo⁴ empolvado.

¡El jardín y la tarde tranquila...
Suena el agua en la fuente de mármol.

---

3 *clepsidra:* reloj de agua.
4 *velludo:* felpa, terciopelo.

¿Mi amor?... ¿Recuerdas, díme,
aquellos juncos tiernos,
lánguidos y amarillos
que hay en el cauce seco?...

¿Recuerdas la amapola
que calcinó el verano,
la amapola marchita,
negro crespón del campo?...

¿Te acuerdas del sol yerto
y humilde, en la mañana,
que brilla y tiembla roto
sobre una fuente helada?...

CANCIONES

Abril florecía
frente a mi ventana.
Entre los jazmines
y las rosas blancas
de un balcón florido,
vi las dos hermanas.
La menor cosía,
la mayor hilaba...
Entre los jazmines
y las rosas blancas,
la más pequeñita,
risueña y rosada
—su aguja en el aire—,
miró a mi ventana.
La mayor seguía,
silenciosa y pálida,
el huso[5] en su rueca
que el lino enroscaba.
Abril florecía
frente a mi ventana.

Una clara tarde
la mayor lloraba,
entre los jazmines
y las rosas blancas,
y ante el blanco lino
que en su rueca hilaba.

5 *huso:* instrumento para hilar, torciendo la hebra y devanando en él lo hilado.

—¿Qué tienes —le dije—,
silenciosa pálida?
Señaló el vestido
que empezó la hermana.
En la negra túnica
la aguja brillaba;
sobre el blanco velo,
el dedal de plata.
Señaló a la tarde
de abril que soñaba,
mientras que se oía
tañer de campanas.
Y en la clara tarde
me enseñó sus lágrimas...
Abril florecía
frente a mi ventana.

   Fue otro abril alegre
y otra tarde plácida.
El balcón florido
solitario estaba...
Ni la pequeñita
risueña y rosada,
ni la hermana triste,
silenciosa y pálida,
ni la negra túnica,
ni la toca blanca...
Tan sólo en el huso
el lino giraba
por mano invisible,
y en la oscura sala
la luna del limpio
espejo brillaba...
Entre los jazmines
y las rosas blancas

del balcón florido,
me miré en la clara
luna del espejo
que lejos soñaba...
Abril florecía
frente a mi ventana.

HUMORISMOS, FANTASÍAS, APUNTES

LAS MOSCAS

Vosotras, las familiares,
inevitables golosas,
vosotras, moscas vulgares,
me evocáis todas las cosas.

¡Oh viejas moscas voraces
como abejas en abril,
viejas moscas pertinaces
sobre mi calva infantil!

¡Moscas del primer hastío
en el salón familiar,
las claras tardes de estío
en que yo empecé a soñar!

Y en la aborrecida escuela,
raudas moscas divertidas,
perseguidas
por amor de lo que vuela

—que todo es volar—, sonoras,
rebotando en los cristales
en los días otoñales...
Moscas de todas las horas,

de infancia y adolescencia,
de mi juventud dorada;
de esta segunda inocencia,
que da en no creer en nada,

de siempre... Moscas vulgares,
que de puro familiares
no tendréis digno cantor:
yo sé que os habéis posado

sobre el juguete encantado,
sobre el librote cerrado,
sobre la carta de amor,
sobre los párpados yertos
de los muertos.

Inevitables golosas,
que ni labráis como abejas,
ni brilláis cual mariposas;
pequeñitas, revoltosas,
vosotras, amigas viejas,
me evocáis todas las cosas.

LOS SUEÑOS MALOS

Está la plaza sombría;
muere el día.
Suenan lejos las campanas.

De balcones y ventanas
se iluminan las vidrieras,
con reflejos mortecinos,
como huesos blanquecinos
y borrosas calaveras.

En toda la tarde brilla
una luz de pesadilla.

Está el sol en el ocaso.
Suena el eco de mi paso.

—¿Eres tú? Ya te esperaba...
—No eras tú a quien yo buscaba.

HASTÍO

Pasan las horas de hastío
por la estancia familiar,
el amplio cuarto sombrío
donde yo empecé a soñar.

Del reloj arrinconado,
que en la penumbra clarea,
el tictac acompasado
odiosamente golpea.

Dice la monotonía
del agua clara al caer:
un día es como otro día;
hoy es lo mismo que ayer.

Cae la tarde. El viento agita
el parque mustio y dorado...
¡Qué largamente ha llorado
toda la fronda marchita!

Anoche cuando dormía
soñé ¡bendita ilusión!
que una fontana fluía
dentro de mi corazón.
Dí: ¿por qué acequia escondida,
agua, vienes hasta mí,
manantial de nueva vida
en donde nunca bebí?

Anoche cuando dormía
soñé ¡bendita ilusión!
que una colmena tenía
dentro de mi corazón;
y las doradas abejas
iban fabricando en él,
con las amarguras viejas,
blanca cera y dulce miel.

Anoche cuando dormía
soñé ¡bendita ilusión!
que un ardiente sol lucía
dentro de mi corazón.
Era ardiente porque daba
calores de rojo hogar,
y era sol porque alumbraba
y porque hacía llorar.

Anoche cuando dormía
soñé ¡bendita ilusión!
que era Dios lo que tenía
dentro de mi corazón.

GALERÍAS

Desgarrada la nube; el arco iris
brillando ya en el cielo,
y en un fanal[6] de lluvia
y sol el campo envuelto.

Desperté. ¿Quién enturbia
los mágicos cristales de mi sueño?
Mi corazón latía
atónito y disperso.

...¡El limonar florido,
el cipresal del huerto,
el prado verde, el sol, el agua, el iris...,
¡el agua en tus cabellos!...

Y todo en la memoria se perdía
como una pompa de jabón al viento.

Llamó a mi corazón, un claro día,
con un perfume de jazmín, el viento.

—A cambio de este aroma,
todo el aroma de tus rosas quiero.
—No tengo rosas; flores
en mi jardín no hay ya: todas han muerto.

—Me llevaré los llantos de las fuentes,
las hojas amarillas y los mustios pétalos.
Y el viento huyó... Mi corazón sangraba...
Alma, ¿qué has hecho de tu pobre huerto?

6 *fanal:* farol grande que señala en los puertos; campana de cristal que protege la
llama.

Hoy buscarás en vano
a tu dolor consuelo.

Lleváronse tus hadas
el lino de tus sueños.
Está la fuente muda,

y está marchito el huerto.
Hoy sólo quedan lágrimas
para llorar. No hay que llorar, ¡silencio!

Es una tarde cenicienta y mustia,
destartalada, como el alma mía;
y es esta vieja angustia
que habita mi usual hipocondría.[7]

La causa de esta angustia no consigo
ni vagamente comprender siquiera;
pero recuerdo, y recordando digo:
—Sí, yo era niño, y tú, mi compañera.

Y no es verdad, dolor: yo te conozco,
tú eres nostalgia de la vida buena
y soledad de corazón sombrío,
de barco sin naufragio y sin estrella.

Como perro olvidado que no tiene
huella ni olfato y yerra
por los caminos, sin camino, como
el niño que en la noche de una fiesta

se pierde entre el gentío
y el aire polvoriento y las candelas

---

7 *hipocondría*: depresión del sistema nervioso acompañada de melancolía.

chispeantes, atónito, y asombra
su corazón de música y de pena,

así voy yo, borracho melancólico,
guitarrista lunático, poeta,
y pobre hombre en sueños,
siempre buscando a Dios entre la niebla.

¿Y ha de morir contigo el mundo mago
donde guarda el recuerdo
los hálitos más puros de la vida,
la blanca sombra del amor primero,

la voz que fue a tu corazón, la mano
que tú querías retener en sueños,
y todos los amores
que llegaron al alma, al hondo cielo?

¿Y ha de morir contigo el mundo tuyo,
la vieja vida en orden tuyo y nuevo?
¿Los yunques y crisoles[8] de tu alma
trabajan para el polvo y para el viento?

La primavera besaba
suavemente la arboleda,
y el verde nuevo brotaba
como una verde humareda.

Las nubes iban pasando
sobre el campo juvenil...
Yo vi en las hojas temblando
las frescas lluvias de abril.

8   *crisol*: vaso para fundir metales.

Bajo ese almendro florido,
todo cargado de flor
—recordé—, yo he maldecido
mi juventud sin amor.

Hoy, en mitad de la vida,
me he parado a meditar...
¡Juventud nunca vivida,
quién te volviera a soñar!

Y podrás conocerte, recordando
del pasado soñar los turbios lienzos,
en este día triste en que caminas
con los ojos abiertos.

De toda la memoria, sólo vale
el don preclaro de evocar los sueños.

VARIA

En medio de la plaza y sobre tosca piedra,
el agua brota y brota. En el cercano huerto
eleva, tras el muro ceñido por la hiedra,
alto ciprés la mancha de su ramaje yerto.

La tarde está cayendo frente a los caserones
de la ancha plaza, en sueños. Relucen las vidrieras
con ecos mortecinos de sol. En los balcones
hay formas que parecen confusas calaveras.

La calma es infinita en la desierta plaza,
donde pasea el alma su traza de alma en pena.
El agua brota y brota en la marmórea taza.
En todo el aire en sombra no más que el agua suena.

CAMPOS DE CASTILLA

(1907-1917)

RETRATO

Mi infancia son recuerdos de un patio de Sevilla,
y un huerto claro donde madura el limonero;
mi juventud, veinte años en tierra de Castilla;
mi historia, algunos casos que recordar no quiero.

Ni un seductor Mañara, ni un Bradomín[9] he sido
—ya conocéis mi torpe aliño indumentario—,
mas recibí la flecha que me asignó Cupido[10],
y amé cuanto ellas pueden tener de hospitalario.

Hay en mis venas gotas de sangre jacobina[11],
pero mi verso brota de manantial sereno;
y, más que un hombre al uso que sabe su doctrina,
soy, en el buen sentido de la palabra, bueno.

9 *Mañara ni Bradomín*: Juan de Mañara, protagonista donjuanesco de la obra
   homónima de los hermanos Machado, y el Marqués de Bradomín, personaje
   central de las *Sonatas* de Valle Inclán, también de fuerte personalidad erótica.
10 *Cupido*: dios latino del Amor (Eros para los griegos), hijo de Venus (Afrodita), se
   lo representa como un querubín ciego con flechas.
11 *sangre jacobina*: por referencia al *jacobinismo*, partido más radical de la Revolución Francesa, puede tomarse como sinónimo de anticonformista, rebelde.

Adoro la hermosura, y en la moderna estetica
corté las viejas rosas del huerto de Ronsard[12];
mas no amo los afeites de la actual cosmética,
ni soy un ave de esas del nuevo gay-trinar[13].

Desdeño las romanzas de los tenores huecos
y el coro de los grillos que cantan a la luna.
A distinguir me paro las voces de los ecos,
y escucho solamente, entre las voces, una.

¿Soy clásico o romántico? No sé. Dejar quisiera
mi verso, como deja el capitán su espada:
famosa por la mano viril que la blandiera,
no por el docto oficio del forjador preciada.

Converso con el hombre que siempre va conmigo
—quien habla solo espera hablar a Dios un día—;
mi soliloquio es plática con este buen amigo
que me enseñó el secreto de la filantropía[14].

Y al cabo, nada os debo; debéisme cuanto he escrito.
A mi trabajo acudo, con mi dinero pago
el traje que me cubre y la mansión que habito,
el pan que me alimenta y el lecho en donde yago.

Y cuando llegue el día del último viaje,
y esté al partir la nave que nunca ha de tornar,
me encontraréis a bordo, ligero de equipaje,
casi desnudo, como los hijos de la mar.

---

12 *Ronsard, Pierre de*: poeta francés (1524-1585), jefe de la "Pléyade", movimiento
   humanista que renueva la literatura francesa, a imitación de los modelos clásicos.
13 *gay-trinar*: caracterización de la poesía modernista por su tendencia a los modelos
   franceses
14 *filantropía*: amor a la humanidad

NOCHE DE VERANO

Es una hermosa noche de verano.
Tienen las altas casas
abiertos los balcones
del viejo pueblo a la anchurosa plaza.
En el amplio rectángulo desierto,
bancos de piedra, evónimos[15] y acacias
simétricos dibujan
sus negras sombras en la arena blanca.
En el cenit, la luna, y en la torre
la esfera del reloj iluminada.
Yo en este viejo pueblo paseando
solo, como un fantasma.

CAMPOS DE SORIA[16]

I

Es la tierra de Soria árida y fría.
Por las colinas y las sierras calvas,
verdes pradillos, cerros cenicientos,
la primavera pasa
dejando entre las hierbas olorosas
sus diminutas margaritas blancas.

La tierra no revive, el campo sueña.
Al empezar abril está nevada
la espalda del Moncayo[17];
el caminante lleva en su bufanda

15 *evónimo*: clase de arbusto.
16 *Soria*: ciudad de España (Castilla), capital de la provincia del mismo nombre.
17 *Moncayo*: macizo montañoso en la Cordillera ibérica, entre Soria y Zaragoza.

envueltos cuello y boca, y los pastores
pasan cubiertos con sus luengas capas.

II

Las tierras labrantías,
como retazos de estameñas[18] pardas,
el huertecillo, el abejar, los trozos
de verde oscuro en que el merino pasta,
entre plomizos peñascales, siembran
el sueño alegre de infantil Arcadia[19].
En los chopos lejanos del camino,
parecen humear las yertas ramas
como un glauco vapor —las nuevas hojas—
y en las quiebras de valles y barrancas
blanquean los zarzales florecidos,
y brotan las violetas perfumadas.

III

Es el campo ondulado, y los caminos
ya ocultan los viajeros que cabalgan
en pardos borriquillos,
ya al fondo de la tarde arrebolada
elevan las plebeyas figurillas,
que el lienzo de oro del ocaso manchan.
Mas si trepáis a un cerro y veis el campo
desde los picos donde habita el águila,
son tornasoles de carmín y acero,
llanos plomizos, lomas plateadas,
circuídos por montes de violeta,
con las cumbres de nieve sonrosada.

18 *estameña*: tejido de lana ordinario.
19 *Arcadia*: región montañosa de Grecia, en la parte central del Peloponeso, habitada
   por pastores; es tomada como sinónimo de lugar idílico.

IV

¡Las figuras del campo sobre el cielo!
Dos lentos bueyes aran
en un alcor[20], cuando el otoño empieza,
y entre las negras testas doblegadas
bajo el pesado yugo,
pende un cesto de juncos y retama,
que es la cuna de un niño;
y tras la yunta marcha
un hombre que se inclina hacia la tierra,
y una mujer que en las abiertas zanjas
arroja la semilla.
Bajo una nube de carmín y llama,
en el oro fluido y verdinoso
del poniente, las sombras se agigantan.

VI

La nieve. En el mesón al campo abierto
se ve el hogar donde la leña humea
y la olla al hervir borbollonea.
El cierzo[21] corre por el campo yerto,
alborotando en blancos torbellinos
la nieve silenciosa.
La nieve sobre el campo y los caminos
cayendo está como sobre una fosa.
Un viejo acurrucado tiembla y tose
cerca del fuego; su mechón de lana
la vieja hila, y una niña cose
verde ribete a su estameña grana.
Padres los viejos son de un arriero
que caminó sobre la blanca tierra

20 *alcor*: colina.
21 *cierzo*: viento del norte.

y una noche perdió ruta y sendero,
y se enterró en las nieves de la sierra.
En torno al fuego hay un lugar vacío,
y en la frente del viejo, de hosco ceño,
como un tachón sombrío
—tal el golpe de un hacha sobre un leño—.
La vieja mira al campo, cual si oyera
pasos sobre la nieve. Nadie pasa.
Desierta la vecina carretera,
desierto el campo en torno de la casa.
La niña piensa que en los verdes prados
ha de correr con otras doncellitas
en los días azules y dorados,
cuando crecen las blancas margaritas.

VI

¡Soria fría, Soria pura,
cabeza de Extremadura[22],
con su castillo guerrero
arruinado, sobre el Duero[23];
con sus murallas roídas
y sus casas denegridas!

¡Muerta ciudad de señores
soldados o cazadores;
de portales con escudos
de cien linajes hidalgos,
y de famélicos galgos,
de galgos flacos y agudos,
que pululan

22 *Extremadura*: ("extremo del Duero") antigua provincia de España junto a Portugal, hoy forma las provincias de Badajoz y Cáceres.
23 *Duero*: río que nace en el sistema ibérico y recorre la península hasta desaguar en
el Atlántico (Oporto).

por las sórdidas callejas
y a la medianoche ululan,
cuando graznan las cornejas!

¡Soria fría! La campana
de la Audiencia da la una.
Soria, ciudad castellana
¡tan bella! bajo la luna.

VII

¡Colinas plateadas,
grises alcores, cárdenas roquedas
por donde traza el Duero
su curva de ballesta
en torno a Soria, oscuros encinares,
ariscos pedregales, calvas sierras,
caminos blancos y álamos del río,
tardes de Soria, mística y guerrera,
hoy siento por vosotros, en el fondo
del corazón, tristeza,
tristeza que es amor! ¡Campos de Soria
donde parece que las rocas sueñan,
conmigo vais! ¡Colinas plateadas,
grises alcores, cárdenas roquedas!...

VIII

He vuelto a ver los álamos dorados,
álamos del camino en la ribera
del Duero, entre San Polo y San Saturio,
tras las murallas viejas
de Soria —barbacana[24]
hacia Aragón, en castellana tierra—.

___

24 *barbacana*: obra de defensa avanzada y aislada; muro.

Estos chopos del río, que acompañan
con el sonido de sus hojas secas
el son del agua, cuando el viento sopla,
tienen en sus cortezas
grabadas iniciales que son nombres
de enamorados, cifras que son fechas.

 ¡Álamos del amor que ayer tuvisteis
de ruiseñores vuestras ramas llenas;
álamos que seréis mañana liras
del viento perfumado en primavera;
álamos del amor cerca del agua
que corre y pasa y sueña,
álamos de las márgenes del Duero,
conmigo vais, mi corazón os lleva!

IX

 ¡Oh sí! Conmigo vais, campos de Soria,
tardes tranquilas, montes de violeta,
alamedas del río, verde sueño
del suelo gris y de la parda tierra,
agria melancolía
de la ciudad decrépita,
me habéis llegado al alma,
¿o acaso estabais en el fondo de ella?
¡Gentes del alto llano numantino[25]
que a Dios guardáis como cristianas viejas,
que el sol de España os llene
de alegría, de luz y de riqueza!

---

25 *numantino*: natural de Numancia, ciudad antigua tomada por Roma tras diez años
de guerra y cuyos habitantes prefirieron la muerte a la rendición.

A UN OLMO SECO

Al olmo viejo, hendido por el rayo
y en su mitad podrido,
con las lluvias de abril y el sol de mayo,
algunas hojas verdes le han salido.

¡El olmo centenario en la colina
que lame el Duero! Un musgo amarillento
le mancha la corteza blanquecina
al tronco carcomido y polvoriento.

No será, cual los álamos cantores
que guardan el camino y la ribera,
habitado de pardos ruiseñores.

Ejército de hormigas en hilera
va trepando por él, y en sus entrañas
urden sus telas grises las arañas.

Antes que te derribe, olmo del Duero,
con su hacha el leñador, y el carpintero
te convierta en melena de campana[26],
lanza de carro o yugo de carreta;
antes que rojo, en el hogar, mañana,
ardas de alguna mísera caseta,
al borde de un camino;
antes que te descuaje un torbellino
y tronche el soplo de las sierras blancas;
antes que el río hasta la mar te empuje
por valles y barrancas,
olmo, quiero anotar en mi cartera
la gracia de tu rama verdecida.
Mi corazón espera

---

26 *melena de campana*: en los campanarios, el sostén de madera del que pende la campana.

también, hacia la luz y hacia la vida,
otro milagro de la primavera.

CAMINOS

De la ciudad moruna
tras las murallas viejas,
yo contemplo la tarde silenciosa,
a solas con mi sombra y con mi pena.

El río va corriendo,
entre sombrías huertas
y grises olivares,
por los alegres campos de Baeza[27].

Tienen las vides pámpanos dorados
sobre las rojas cepas.
Guadalquivir[28], como un alfanje roto
y disperso, reluce y espejea.

Lejos, los montes duermen
envueltos en la niebla,
niebla de otoño, maternal; descansan
las rudas moles de su ser de piedra
en esta tibia tarde de noviembre,
tarde piadosa, cárdena y violeta.

El viento ha sacudido
los mustios olmos de la carretera,
levantando en rosados torbellinos
el polvo de la tierra.
La luna está subiendo
amoratada, jadeante y llena.

[27] *Baeza*: ciudad de España en la prov. de Jaén (Andalucía).
[28] *Guadalquivir*: río que cruza Córdoba y Sevilla y desagua en el Atlántico (Sanlúcar de Barrameda).

Los caminitos blancos
se cruzan y se alejan,
buscando los dispersos caseríos
del valle y de la sierra.
Caminos de los campos...
¡Ay, ya no puedo caminar con ella!

Señor, ya me arrancaste lo que yo más quería.
Oye otra vez, Dios mío, mi corazón clamar.
Tu voluntad se hizo, Señor, contra la mía.
Señor, ya estamos solos mi corazón y el mar.

Allá, en las tierras altas,
por donde traza el Duero
su curva de ballesta
en torno a Soria, entre plomizos cerros
y manchas de raídos encinares,
mi corazón está vagando, en sueños...

¿No ves, Leonor, los álamos del río
con sus ramajes yertos?
Mira el Moncayo azul y blanco; dame
tu mano y paseemos.
Por estos campos de la tierra mía,
bordados de olivares polvorientos,
voy caminando solo,
triste, cansado, pensativo y viejo.

Soñé que tú me llevabas
por una blanca vereda,
en medio del campo verde,
hacia el azul de las sierras,
hacia los montes azules,
una mañana serena.

Sentí tu mano en la mía,
tu mano de compañera,
tu voz de niña en mi oído
como una campana nueva,
como una campana virgen
de un alba de primavera.
¡Eran tu voz y tu mano,
en sueños, tan verdaderas!...
Vive, esperanza: ¡quién sabe
lo que se traga la tierra!

Una noche de verano
—estaba abierto el balcón
y la puerta de mi casa—
la muerte en mi casa entró.
Se fue acercando a su lecho
—ni siquiera me miró—,
con unos dedos muy finos
algo muy tenue rompió.
Silenciosa y sin mirarme,
la muerte otra vez pasó
delante de mí. ¿Qué has hecho?
La muerte no respondió.
Mi niña quedó tranquila,
dolido mi corazón.
¡Ay, que lo que la muerte ha roto
era un hilo entre los dos!

A JOSÉ MARÍA PALACIO

Palacio, buen amigo,
¿está la primavera
vistiendo ya las ramas de los chopos

del río y los caminos? En la estepa
del alto Duero, Primavera tarda,
¡pero es tan bella y dulce cuando llega!...
¿Tienen los viejos olmos
algunas hojas nuevas?
Aún las acacias estarán desnudas
y nevados los montes de las sierras.
¡Oh mole del Moncayo blanca y rosa,
allá, en el cielo de Aragón, tan bella!
¿Hay zarzas florecidas
entre las grises peñas,
y blancas margaritas
entre la fina hierba?
Por esos campanarios
ya habrán ido llegando las cigüeñas.
Habrá trigales verdes,
y mulas pardas en las sementeras,
y labriegos que siembran los tardíos
con las lluvias de abril. Ya las abejas
libarán del tomillo y el romero.
¿Hay ciruelos en flor? ¿Quedan violetas?
Furtivos cazadores, los reclamos
de la perdiz bajo las capas luengas,
no faltarán. Palacio, buen amigo,
¿tienen ya ruiseñores las riberas?
Con los primeros lirios
y las primeras rosas de las huertas,
en una tarde azul, sube al Espino[29],
al alto Espino donde está su tierra...

Baeza, 29 abril 1913.

29 *el Espino*: nombre del cementerio de Soria.

OTRO VIAJE

Ya en los campos de Jaén[30]
amanece. Corre el tren
por sus brillantes rieles,
devorando matorrales,
alcaceles[31],
terraplenes, pedregales,
olivares, caseríos,
praderas y cardizales,
montes y valles sombríos.
Tras la turbia ventanilla,
pasa la devanadera
del campo de primavera.
La luz en el techo brilla
de mi vagón de tercera.
Entre nubarrones blancos,
oro y grana;
la niebla de la mañana
huyendo por los barrancos.
¡Este insomne sueño mío!
¡este frío
de un amanecer en vela!...
Resonante,
jadeante,
marcha el tren. El campo vuela.
Enfrente de mí, un señor
sobre su manta dormido;
un fraile y un cazador
—el perro a sus pies tendido   .
Yo contemplo mi equipaje,
mi viejo saco de cuero;
y recuerdo otro viaje

30 *Jaén*: provincia de España y su capital (Andalucía).
31 *alcacel*: lugar sembrado de cebada.

hacia las tierras del Duero.
Otro viaje de ayer
por la tierra castellana
—¡pinos del amanecer
entre Almazán y Quintana!—[32]
¡Y alegría
de un viajar en compañía!
¡Y la unión
que ha roto la muerte un día!
¡Mano fría
que aprietas mi corazón!
Tren, camina, silba, humea,
acarrea
tu ejército de vagones,
ajetrea
maletas y corazones.
Soledad,
sequedad.
Tan pobre me estoy quedando,
que ya ni siquiera estoy
conmigo, ni sé si voy
conmigo a solas viajando.

EL MAÑANA EFÍMERO

A Roberto Castrovido.

La España de charanga y pandereta,
cerrado y sacristía,
devota de Frascuelo[33] y de María,
de espíritu burlón y de alma quieta,

---

32 *Almazán y Quintana:* poblaciones de la provincia de Soria.
33 *Frascuelo*: célebre torero español, cuyo nombre era Salvador Sánchez (1844-
1898).

ha de tener su mármol y su día,
su infalible mañana y su poeta.
El vano ayer engendrará un mañana
vacío y ¡por ventura! pasajero.
Será un joven lechuzo y tarambana,
un sayón[34] con hechuras de bolero;
a la moda de Francia realista,
un poco al uso de París pagano,
y al estilo de España especialista
en el vicio al alcance de la mano.
Esa España inferior que ora y bosteza,
vieja y tahur, zaragatera[35] y triste;
esa España inferior que ora y embiste
cuando se digna usar de la cabeza,
aún tendrá luengo parto de varones
amantes de sagradas tradiciones
y de sagradas formas y maneras;
florecerán las barbas apostólicas,
y otras calvas en otras calaveras
brillarán, venerables y católicas.
El vano ayer engendrará un mañana
vacío y ¡por ventura! pasajero,
la sombra de un lechuzo tarambana,
de un sayón con hechuras de bolero,
el vacuo ayer dará un mañana huero[36].
Como la náusea de un borracho ahito[37]
de vino malo, un rojo sol corona
de heces turbias las cumbres de granito;
hay un mañana estomagante escrito
en la tarde pragmática y dulzona.
Mas otra España nace,

34 *sayón*: ministro de justicia en la Edad Media; verdugo; hombre feroz.
35 *tahur*: jugador fullero; *zaragatero,a*: pendenciero.
36 *huero*: vano, vacío, vacuo.
37 *ahito*: indigestado, repleto.

la España del cincel y de la maza,
con esa eterna juventud que se hace
del pasado macizo de la raza.
Una España implacable y redentora,
España que alborea
con un hacha en la mano vengadora,
España de la rabia y de la idea.

1913.

PROVERBIOS Y CANTARES

I

Nunca perseguí la gloria
ni dejar en la memoria
de los hombres mi canción;
yo amo los mundos sutiles,
ingrávidos y gentiles
como pompas de jabón.
Me gusta verlos pintarse
de sol y grana, volar
bajo el cielo azul, temblar
súbitamente y quebrarse.

IV

Nuestras horas son minutos
cuando esperamos saber,
y siglos cuando sabemos
lo que se puede aprender.

VI

De lo que llaman lo hombres
virtud, justicia y bondad,
una mitad es envidia,
y la otra no es caridad.

VIII

En preguntar lo que sabes
el tiempo no has de perder...
Y a pregunta sin respuesta
¿quién te podrá responder?

XIII

Es el mejor de los buenos
quien sabe que en esta vida
todo es cuestión de medida:
un poco más, algo menos...

XXI

Ayer soñé que veía
a Dios y que a Dios hablaba;
y soñé que Dios me oía...
Después soñé que soñaba.

XXVII

¿Dónde está la utilidad
de nuestras utilidades?
Volvamos a la verdad;
vanidad de vanidades.

XXIX

Caminante, son tus huellas
el camino, y nada más;
caminante, no hay camino,
se hace camino al andar.
Al andar se hace camino,
y al volver la vista atrás
se ve la senda que nunca
se ha de volver a pisar.
Caminante, no hay camino,
sino estelas en la mar.

XXX

El que espera desespera,
dice la voz popular.
¡Qué verdad tan verdadera!

La verdad es lo que es,
y sigue siendo verdad
aunque se piense al revés.

XLI

Bueno es saber que los vasos
nos sirven para beber;
lo malo es que no sabemos
para qué sirve la sed.

XLIV

Todo pasa y todo queda,
pero lo nuestro es pasar,

pasar haciendo caminos,
caminos sobre la mar.

XLVI

Anoche soñé que oía
a Dios, gritándome: ¡Alerta!
Luego era Dios quien dormía,
y yo gritaba: ¡Despierta!

LIII

En esta España de los pantalones
lleva la voz el macho;
mas si un negocio importa
lo resuelven las faldas a escobazos.

LIV

Ya hay un español que quiere
vivir y a vivir empieza,
entre una España que muere
y otra España que bosteza.

Españolito que vienes,
al mundo, te guarde Dios.
Una de las dos Españas
ha de helarte el corazón.

ELOGIOS

A DON FRANCISCO GINER DE LOS RÍOS[38]

Como se fue el maestro,
la luz de esta mañana
me dijo: Van tres días
que mi hermano Francisco no trabaja.
¿Murió?... Sólo sabemos
que se nos fue por una senda clara,
diciéndonos: Hacedme
un duelo de labores y esperanzas.
Sed buenos y no más, sed lo que he sido
entre vosotros: alma.
Vivid, la vida sigue,
los muertos mueren y las sombras pasan;
lleva quien deja y vive el que ha vivido.
¡Yunques, sonad; enmudeced, campanas!

Y hacia otra luz más pura
partió el hermano de la luz del alba,
del sol de los talleres,
el viejo alegre de la vida santa.
...Oh, sí, llevad, amigos,

---

38 *Giner de los Ríos, Francisco*: filósofo y pedagogo (1840-1915), creador de la Institución Libre de Enseñanza, donde estudiaron los Machado, y al que Antonio reconoce como su admirado y querido maestro.

su cuerpo a la montaña,
a los azules montes
del ancho Guadarrama[39].
Allí hay barrancos hondos
de pinos verdes donde el viento canta.
Su corazón repose
bajo una encina casta,
en tierra de tomillos, donde juegan
mariposas doradas...
Allí el maestro un día
soñaba un nuevo florecer de España.

Baeza, 21 febrero 1915.

UNA ESPAÑA JOVEN

...Fue un tiempo de mentira, de infamia. A España toda,
la malherida España, de carnaval vestida
nos la pusieron, pobre y escuálida y beoda,
para que no acertara la mano con la herida.

Fue ayer; éramos casi adolescentes; era
con tiempo malo, encinta de lúgubres presagios,
cuando montar quisimos en pelo una quimera,
mientras la mar dormía ahíta de naufragios.

Dejamos en el puerto la sórdida galera,
y en una nave de oro nos plugo navegar
hacia los altos mares, sin aguardar ribera,
lanzando velas y anclas y gobernalle al mar.

---

[39] *Guadarrama*: parte de la cordillera Cárpeto-Vetónica entre Madrid y Segovia. Río afluente del Tajo.

Ya entonces, por el fondo de nuestro sueño —herencia
de un siglo que vencido sin gloria se alejaba—
un alba entrar quería; con nuestra turbulencia
la luz de la divinas ideas batallaba.

Mas cada cual el rumbo siguió de su locura;
agilitó su brazo, acreditó su brío;
dejó como un espejo bruñida su armadura
y dijo: "El hoy es malo, pero el mañana... es mío".

Y es hoy aquel mañana de ayer... Y España toda,
con sucios oropeles de carnaval vestida
aún la tenemos: pobre y escuálida y beoda;
mas hoy de un vino malo: la sangre de su herida.

Tú, juventud más joven, si de más alta cumbre
la voluntad te llega, irás a tu aventura
despierta y transparente a la divina lumbre,
como el diamante clara, como el diamante pura.

Enero, 1915.

A LA MUERTE DE RUBÉN DARÍO[40]

Si era toda en tu verso la armonía del mundo,
¿dónde fuiste, Darío, la armonía a buscar?
Jardinero de Herperia[41], ruiseñor de los mares,
corazón asombrado de la música astral,
¿te ha llevado Dionisos[42] de su mano al infierno
y con las nuevas rosas triunfante volverás?

40 *Rubén Darío*: poeta nicaragüense (1867-1916), creador del modernismo (V. en esta misma colección *El modernismo hispanoamericano*).
41 *Hesperia*: nombre que daban los griegos y romanos a las regiones occidentales o del poniente.
42 *Dionisos:* dios griego del vino (Baco).

¿Te han herido buscando la soñada Florida,
la fuente de la eterna juventud, capitán?
Que en esta lengua madre la clara historia quede;
corazones de todas las Españas, llorad.
Rubén Darío ha muerto en sus tierras de Oro,
esta nueva nos vino atravesando el mar.
Pongamos, españoles, en un severo mármol,
su nombre, flauta y lira, y una inscripción no más:
Nadie esta lira pulse, si no es el mismo Apolo[43],
nadie esta flauta suene, si no es el mismo Pan[44].

1916.

A DON MIGUEL DE UNAMUNO[45]

Por su libro *Vida de Don Quijote y Sancho.*

Este donquijotesco
don Miguel de Unamuno, fuerte vasco,
lleva el arnés grotesco
y el irrisorio casco
del buen manchego. Don Miguel camina,
jinete de quimérica montura,
metiendo espuela de oro a su locura,
sin miedo de la lengua que malsina.

A un pueblo de arrieros,
lechuzos y tahures y logreros
dicta lecciones de Caballería.

[43] *Apolo*: dios de los oráculos, de la juventud, de la belleza y de las artes; como conductor del carro del sol era llamado Febo.
[44] *Pan*: dios que presidía los rebaños y representaba la naturaleza, compañero de caza de Baco.
[45] *Miguel de Unamuno*: filósofo, poeta y novelista, catedrático de griego y rector en Salamanca, maestro admirado por Machado con quien mantuvo una profunda correspondencia (1864-1936).

Y el alma desalmada de su raza,
que bajo el golpe de su férrea maza
aún duerme, puede que despierte un día.
Quiere enseñar el ceño de la duda,
antes de que cabalgue, al caballero;
cual nuevo Hamlet[46], a mirar desnuda
cerca del corazón la hoja de acero.

Tiene el aliento de una estirpe fuerte
que soñó más allá de sus hogares
y que el oro buscó tras de los mares.
Él señala la gloria tras la muerte.

Quiere ser fundador, y dice: Creo;
Dios y adelante el ánima española...
Y es tan bueno y mejor que fue Loyola[47]:
sabe a Jesús y escupe al fariseo.

A JUAN RAMÓN JIMÉNEZ[48]

Por su libro *Arias tristes*

Era una noche del mes
de mayo, azul y serena.
Sobre el agudo ciprés
brillaba la luna llena,

iluminando la fuente
en donde el agua surtía

---

46 *Hamlet*: protagonista del drama homónimo de W. Shakespeare.
47 *Loyola, Ignacio de*: militar, luego sacerdote y escritor español fundador de la orden de los jesuitas (1491-1556).
48 *Juan Ramón Jiménez*: poeta y prosista español (1881-1958) de fina sensibilidad lírica, seguidor del modernismo al que le dio características personales; entre sus obras se destaca la prosa poética de *Platero y yo*; premio Nóbel de Literatura en 1956.

sollozando intermitente.
Sólo la fuente se oía.

Después, se escuchó el acento
de un oculto ruiseñor.
Quebró una racha de viento
la curva del surtidor.

Y una dulce melodía
vagó por todo el jardín;
entre los mirtos tañía
un músico su violín.

Era un acorde lamento
de juventud y de amor
para la luna y el viento,
el agua y el ruiseñor.

"El jardín tiene una fuente
y la fuente una quimera..."
Cantaba una voz doliente,
alma de la primavera.

Calló la voz y el violín
apagó su melodía.
Quedó la melancolía
vagando por el jardín.
Sólo la fuente se oía.

NUEVAS CANCIONES

(1917-1930)

APUNTES

II

Sobre el olivar,
se vio a la lechuza
volar y volar.

Campo, campo, campo.
Entre los olivos,
los cortijos blancos.

Y la encina negra,
a medio camino
de Úbeda[49] a Baeza.

IV

Sobre el olivar,
se vio a la lechuza
volar y volar.

A Santa María
un ramito verde
volando traía.

49 *Úbeda*: ciudad en la provincia de Jaén (Andalucía).

¡Campo de Baeza,
soñaré contigo
cuando no te vea!

PROVERBIOS Y CANTARES

A José Ortega y Gasset[50]

I

El ojo que ves no es
ojo porque tú lo veas;
es ojo porque te ve.

II

Para dialogar,
preguntad, primero;
después... escuchad.

III

Todo narcisismo
es un vicio feo,
y ya viejo vicio.

IV

Mas busca en tu espejo al otro,
al otro que va contigo.

---

[50] *José Ortega y Gasset*: filósofo español (1883-1955), fundador de la *Revista de Occidente*, en su obra *La rebelión de las masas* (1930) atribuye la "decadencia" occidental al surgimiento del hombre-masa, en conflicto con las minorías selectas del pasado.

V

Entre el vivir y el soñar
hay una tercera cosa.
Adivínala.

XV

Busca a tu complementario,
que marcha siempre contigo
y suele ser tu contrario.

XXXVI

No es el yo fundamental
eso que busca el poeta,
sino el tú esencial.

XL

Los ojos por que suspiras,
sábelo bien,
los ojos en que te miras
son ojos porque te ven.

XLVI

Se miente más de la cuenta
por falta de fantasía:
también la verdad se inventa.

LXVI

Poned atención:
un corazón solitario
no es un corazón.

LXXVI

El tono lo da la lengua,
ni más alto ni más bajo;
sólo acompáñate de ella.

LXXXV

Tengo a mis amigos
en mi soledad;
cuando estoy con ellos
¡qué lejos están!

A DON RAMÓN DEL VALLE-INCLÁN[51]

Yo era en mis sueños, don Ramón, viajero
del áspero camino, y tú, Caronte[52]
de ojos de llama, el fúnebre barquero
de las revueltas aguas de Aqueronte.[53]

Plúrima barba al pecho te caía.
(Yo quise ver tu manquedad en vano.)
Sobre la negra barca aparecía
tu verde senectud de dios pagano.

---

51 *Ramón del Valle Inclán*: novelista, damaturgo y poeta (1866-1936), creador de las *sonatas* —de tendencia modernista— y de los *esperpentos*, género de características personalísimas (v. en esta misma colección *Tirano Banderas*).
52 *Caronte*: barquero de los infiernos que pasaba en su barca, por la laguna Estigia y el río Aqueronte, las almas de los muertos.
53 *Aqueronte*: río de los infiernos.

Habla, dijiste, y yo: cantar quisiera
loor de tu Don Juan[54] y tu paisaje,
en esta hora de verdad sincera.

Porque faltó mi voz en tu homenaje,
permite que en la pálida ribera
te pague en áureo verso mi barcaje.

LOS SUEÑOS DIALOGADOS

I

¡Cómo en el alto llano tu figura
se me aparece!... Mi palabra evoca
el prado verde y la árida llanura,
la zarza en flor, la cenicienta roca.

Y al recuerdo obediente, negra encina
brota en el cerro, baja el chopo al río;
el pastor va subiendo a la colina;

brilla un balcón de la ciudad: el mío,
el nuestro. ¿Ves? Hacia Aragón, lejana,
la sierra de Moncayo, blanca y rosa...
Mira el incendio de esa nube grana,

y aquella estrella en el azul, esposa.
Tras el Duero, la loma de Santana
se amorata en la tarde silenciosa.

---

54 *tu Don Juan*: referencia al marqués de Bradomín, protagonista donjuanesco de las
Sonatas (v. nota 9).

II

    ¿Por qué, decísme, hacia los altos llanos
huye mi corazón de esta ribera,
y en tierra labradora y marinera
suspiro por los yermos castellanos?

    Nadie elige su amor. Llevóme un día
mi destino a los grises calvijares
donde ahuyenta al caer la nieve fría
las sombras de los muertos encinares.

    De aquel trozo de España, alto y roquero,
hoy traigo a ti, Gualdalquivir florido,
una mata del áspero romero.

    Mi corazón está donde ha nacido
no a la vida, al amor, cerca del Duero...
¡El muro blanco y el ciprés erguido!

III

    Las ascuas de un crepúsculo, señora,
rota la parda nube de tormenta,
han pintado en la roca cenicienta
de lueñe[55] cerro un resplandor de aurora.

    Una aurora cuajada en roca fría
que es asombro y pavor del caminante
más que fiero león en claro día
o en garganta de monte osa gigante.

    Con el incendio de un amor, prendido
al turbio sueño de esperanza y miedo,
yo voy hacia la mar, hacia el olvido

---

55 *lueñe*: lejano.

—y no como a la noche ese roquedo,
al girar del planeta ensombrecido—.
No me llaméis porque tornar no puedo.

IV

¡Oh soledad, mi sola compañía,
oh musa del portento que el vocablo
diste a mi voz que nunca te pedía!
Responde a mi pregunta: ¿con quién hablo?

Ausente de ruidosa mascarada,
divierto mi tristeza sin amigo,
contigo, dueña de la faz velada,
siempre velada al dialogar conmigo.

Hoy pienso: este que soy será quien sea;
no es ya mi grave enigma este semblante
que en el íntimo espejo se recrea

sino el misterio de tu voz amante.
Descúbreme tu rostro: que yo vea
fijos en mí tus ojos de diamante.

DE MI CARTERA

I

Ni mármol duro y eterno
ni música ni pintura,
sino palabra en el tiempo.

II

Canto y cuento es la poesía.
Se canta una viva historia,
contando su melodía.

V

Prefiere la rima pobre,
la asonancia indefinida.
Cuando nada cuenta el canto,
acaso huelga la rima.

VI

Verso libre, verso libre...
Líbrate, mejor, del verso
cuando te esclavice.

VII

La rima verbal y pobre,
y temporal, es la rica.
El adjetivo y el nombre,
remansos del agua limpia,
son accidentes del verbo
en la gramática lírica
del Hoy que será Mañana,
del Ayer que es Todavía.

1924.

EL CRIMEN FUE EN GRANADA[56]

I

EL CRIMEN

Se le vio, caminando entre fusiles,
por una calle larga,
salir al campo frío,
aún con estrellas, de la madrugada.
Mataron a Federico
cuando la luz asomaba.
El pelotón de verdugos
no osó mirarle la cara.
Todos cerraron los ojos:
rezaron: ¡ni Dios te salva!
Muerto cayó Federico
—sangre en la frente y plomo en las entrañas—.
... Que fue en Granada el crimen
sabed —¡pobre Granada!— en su Granada...

II

EL POETA Y LA MUERTE

Se lo vio caminar solo con Ella,
sin miedo a su guadaña.

[56] *El crimen... Granada:* Federico García Lorca, poeta y dramaturgo granadino (1898-1936) fue apresado y asesinado por las fuerzas franquistas en el comienzo de la Guerra Civil y su cadáver arrojado a una fosa común (v. en esta misma colección: *La zapatera prodigiosa, Doña Rosita la soltera y Mariana Pineda*).

—Ya el sol en torre y torre; los martillos
en yunque —yunque y yunque de las fraguas.
Hablaba Federico,
requebrando a la muerte. Ella escuchaba.
"Porque ayer en mi verso, compañera,
sonaba el golpe de tus secas palmas,
y diste el hielo a mi cantar, y el filo
a mi tragedia de tu hoz de plata,
te cantaré la carne que no tienes,
los ojos que te faltan,
tus cabellos que el viento sacudía,
los rojos labios donde te besaban...
Hoy como ayer, gitana, muerte mía,
qué bien contigo a solas,
por estos aires de Granada ¡mi Granada!"

III

Se lo vio caminar...
    Labrad, amigos,
de piedra y sueño, en el Alhambra[57],
un túmulo al poeta,
sobre una fuente donde llore el agua,
y eternamente diga:
el crimen fue en Granada ¡en su Granada!

---

[57] *Alhambra*: (en árabe, "castillo rojo") palacio fortificado de los reyes moros
españoles, construido en Granada entre los siglos XIII y XIV.

SONETOS

V

De mar a mar entre los dos la guerra,
más honda que la mar. En mi parterre[58],
miro a la mar que el horizonte cierra.
Tú, asomada, Guiomar, a un finisterre[59],

miras hacia otro mar, la mar de España
que Camoens[60] cantara, tenebrosa.
Acaso a ti mi ausencia te acompaña.
A mí me duele tu recuerdo, diosa.

La guerra dio al amor el tajo fuerte.
Y es la total angustia de la muerte,
con la sombra infecunda de la llama

y la soñada miel de amor tardío,
y la flor imposible de la rama
que ha sentido del hacha el corte frío.

VI

Otra vez el ayer. Tras la persiana,
música y sol; en el jardín cercano,
la fruta de oro, al levantar la mano,
el puro azul dormido en la fontana.

---

58 *parterre*: (galicismo) cuadro de un jardín o parque
59 *finisterre*: promontorio granítico que forma el extremo noroeste de la Península ibérica.
60 *Camoens, Luis de*: poeta portugués (1524-1580), considerado el más grande de su tiempo, autor de *Los Lusiadas* (1572), obra de significación universal que narra la historia de Portugal.

Mi Sevilla infantil ¡tan sevillana!
¡cuál muerde el tiempo tu memoria en vano!
¡Tan nuestra! Aviva tu recuerdo, hermano.
No sabemos de quién va a ser mañana.

Alguien vendió la piedra de los lares
al pesado teutón, al hambre mora,
y al ítalo las puertas de los mares[61].

¡Odio y miedo a la estirpe redentora
que muele el fruto de los olivares,
y ayuna y labra, y siembra y canta y llora!

A LÍSTER, JEFE EN LOS EJÉRCITOS DEL EBRO[62]

Tu carta —oh noble corazón en vela,
español indomable, puño fuerte—,
tu carta, heroico Líster, me consuela
de esta que pesa en mí carne de muerte.

Fragores en tu carta me han llegado
de lucha santa sobre el campo ibero;
también mi corazón ha despertado
entre olores de pólvora y romero.

Donde anuncia marina caracola
que llega el Ebro, y en la peña fría
donde brota esa rúbrica española,

61 *pesado teutón... los mares*: referencia a la colaboración de las fuerzas fascistas de
Alemania (Hitler) y de Italia (Mussolini) al golpe nacionalista de Franco.
62 *Líster, Enrique*: comandante del V Cuerpo del Ejército republicano, integrante de
las fuerzas que, cruzando el río Ebro, desencadenaron la mayor ofensiva republicana desde el comienzo de la guerra para unir las dos zonas separadas por las tropas
franquistas (julio de 1938). (Obsérvese la inclusión de los poemas de Machado en
el film "¡Ay, Carmela!", de C. Saura).

de monte a mar, esta palabra mía:
"Si mi pluma valiera tu pistola
de capitán, contento moriría".

CANCIONES A GUIOMAR

Tu poeta
piensa en ti. La lejanía
es de limón y violeta,
verde el campo todavía.
Conmigo vienes, Guiomar:
nos sorbe la serranía.
De encinar en encinar
se va fatigando el día.

El tren devora y devora
día y riel. La retama
pasa en sombra; se desdora
el oro de Guadarrama.
Porque una diosa y su amante
huyen juntos, jadeante
los sigue la luna llena.
El tren se esconde y resuena
dentro de un monte gigante.
Campos yermos, cielo alto.
Tras los montes de basalto,
ya es la mar y el infinito.
Juntos vamos; libres somos.
Aunque el Dios, como en el cuento
fiero rey, cabalgue a lomos

del mejor corcel del viento,
aunque nos jure, violento,
su venganza,
aunque ensille el pensamiento,
libre amor, nadie lo alcanza.

Hoy te escribo en mi celda de viajero,
a la hora de una cita imaginaria.
Rompe el iris al aire el aguacero
y al monte su tristeza planetaria.
Sol y campanas en la vieja torre.
¡Oh tarde viva y quieta
que opuso el *panta rhei* su *nada corre*,
tarde niña que amaba tu poeta!
¡Y día adolescente
cuando pensante a Amor, junto a la fuente,
—ojos claros y músculos morenos—,
besar tus labios y apresar tus senos!
Todo a esta luz de abril se transparenta;
todo en el hoy de ayer, el Todavía
que en sus maduras horas
el tiempo canta y cuenta,
se funde en una sola melodía,
que es un coro de tardes y de auroras.
A ti, Guiomar, esta nostalgia mía.

Antonio Machado

PROSA

JUAN DE MAIRENA I

HABLA JUAN DE MAIRENA
A SUS ALUMNOS

I

*(Mairena en su clase de
Retórica y Poética.)*

—Señor Pérez, salga usted a la pizarra y escriba: "Los eventos
consuetudinarios que acontecen en la rúa."
El alumno escribe lo que se le dicta.
—Vaya usted poniendo eso en lenguaje poético.
El alumno, después de meditar, escribe: "Lo que pasa en la calle."
MAIRENA. —No está mal.

(Sobre la verdad)

Lo corriente en el hombre es la tendencia a creer verdadero
cuanto le reporta alguna utilidad. Por eso hay tantos hombres capaces
de comulgar con ruedas de molino. Os hago esta advertencia pensando en algunos de vosotros que habrán de consagrarse a la política.
No olvidéis, sin embargo, que lo corriente en el hombre es lo que
tiene de común con otras alimañas, pero que lo específicamente
humano es creer en la muerte. No penséis que vuestro deber de
retóricos es engañar al hombre con sus propios deseos; porque el

hombre ama la verdad hasta tal punto que acepta, anticipadamente, la más amarga de todas.

(La pedagogía, según
Juan de Mairena en 1940.)

—Señor Gonzálvez.
—Presente.
—Respóndame sin titubear. ¿Se puede comer judías con tomate? (El maestro mira atentamente a su reloj.)
—¡Claro que sí!
—¿Y tomate con judías?
—También
—¿Y judíos con tomate?
—Eso... no estaría bien.
—¡Claro! Sería un caso de antropofagia. Pero siempre se podrá comer tomate *con judíos*. ¿No es cierto?
—Eso...
—Reflexione un momento.
—Eso, no.
El chico no ha comprendido la pregunta.
—Que me traigan una cabeza de burro para este niño.

Amar a Dios sobre todas las cosas —decía mi maestro Abel Martín— es algo más difícil de lo que parece. Porque ello parece exigirnos: primero, que creamos en Dios; segundo, que creamos en todas las cosas; tercero, que amemos todas las cosas; cuarto, que amemos a Dios sobre todas ellas. En suma: la santidad perfecta, inasequible a los mismos santos.

VI

(Proverbios y consejos de Mairena.)

Los hombres que están siempre de vuelta en todas las cosas son los que no han ido nunca a ninguna parte. Porque ya es mucho ir; volver, ¡nadie ha vuelto!

El paleto[1] perfecto es el que nunca se asombra de nada: ni aún de su propia estupidez.

Sed modestos: yo os aconsejo la modestia; o, por mejor decir: yo os aconsejo un orgullo modesto que es lo español y lo cristiano. Recordad el proverbio de Castilla: "Nadie es más que nadie." Esto quiere decir cuánto es difícil aventajarse a todos, porque, por mucho que un hombre valga, nunca tendrá valor más alto que el de ser hombre.

Así hablaba Mairena a sus discípulos. Y añadía: ¿Comprendéis ahora por qué los grandes hombres solemos ser modestos?

Huid de escenarios, púlpitos, plataformas y pedestales. Nunca perdáis contacto con el suelo; porque sólo así tendréis una idea aproximada de vuestra estatura.

Los honores, sin embargo, rendidos a vuestro prójimo, cuando son merecidos, deben alegraros; y si no lo fueren, que no os entristezcan por vosotros; sino por aquellos a quienes se tributan.

Vosotros debéis amar y respetar a vuestros maestros, a cuantos de buena fe se interesan por vuestra formación espiritual. Pero para juzgar si su labor fue más o menos acertada, debéis esperar mucho tiempo, acaso toda la vida, y dejar que el juicio lo formulen vuestros descendientes. Yo os confieso que he sido ingrato alguna vez —y harto me pesa— con mis maestros, por no tener presente que en nuestro mundo interior hay algo de ruleta en movimiento, indiferente a las posturas del paño, y que mientras gira la rueda, y rueda la bola que nuestros maestros lanzaron en ella un poco al azar, nada sabemos de pérdida o ganancia, de éxito o de fracaso.

---

1   *paleto*: persona rústica.

VIII

No hay mejor definición de la poesía que ésta: ''poesía es algo de lo que hacen los poetas''. Qué sea este algo no debéis preguntarlo al poeta. Porque no será nunca el poeta quien os conteste.

¿Se lo preguntaréis a los profesores de Literatura? Nosotros sí os contestaremos, porque para eso estamos. Es nuestra obligación. ''Poesía, señores, será el residuo obtenido después de una delicada operación crítica, que consiste en eliminar de cuanto se vende por poesía todo lo que no lo es.'' La operación es difícil de realizar. Porque para eliminar de cuanto se vende por poesía la ganga o escoria antipoética que lo acompaña, habría que saber lo que no es poesía, y para ello saber, anticipadamente, lo que es poesía. Si lo supiéramos, señores, la experiencia sería un tanto superflua, pero no exenta de amenidad. Mas la verdad es que no lo sabemos, y que la experiencia parece irrealizable.

¿Se lo preguntaremos a los filósofos? Ellos nos contestarán que nuestra pregunta es demasiado ingenua y que, en último término, no se creen en la obligación de contestarla. Ellos no se han preguntado nunca qué sea la poesía, sino qué es algo que sea algo, y si es posible saber algo de algo, o si habremos de contentarnos con no saber nada que merezca saberse.

Hemos de hablar modestamente de la poesía, sin pretender definirla, ni mucho menos obtenerla, por vía experimental, químicamente pura.

(Mairena lee y comenta versos
de su maestro.)

Mairena no era un recitador de poesía. Se limitaba a leer sin gesticular y en un tono neutro, levemente musical. Ponía los acentos de la emoción donde suponía él que los había puesto el poeta. Como no era tampoco un virtuoso de la lectura, cuando leía versos —o prosa— no pretendía nunca que se dijese: ¡qué bien lee este hombre!, sino: ¡qué bien está lo que este hombre lee!, sin importarle mucho que se añadiese: ¡lástima que no lea mejor!

Le disgustaba decir sus propios versos, que no eran para él sino cenizas de un fuego o virutas de una carpintería, algo que ya no le interesaba. Oírlos declamados, cantados, bramados por los recitales y, sobre todo, por las recitadoras de oficio, le hubiera horripilado. Gustaba, en cambio, de oírlos recitar de los niños de las escuelas populares.

> Escribiré en tu abanico:
> te quiero para olvidarte,
> para quererte te olvido.

Estos versos de mi maestro Abel Martín —habla Mairena a sus alumnos— los encontré en el álbum de una señorita —o que lo fue en su tiempo— de Chipiona. Y estos otros escritos en otro álbum, y que parecen la cola de los anteriores:

> Te abanicarás
> con un madrigal que diga:
> en amor el olvido pone la sal.

Y estos otros, publicados hace muchos años en *El Faro de Rota*:

> Te mandaré mi canción:
> ''Se canta lo que se pierde'',
> con un papagayo verde
> que la diga en tu balcón.

Son versos juveniles de mi maestro, anteriores no a la invención, acaso, pero sí al uso y abuso del fonógrafo, de ese magnífico loro mecánico que empieza hoy a fatigarnos el tímpano. En ellos se alude a una canción que he buscado en vano, y que tal vez no llegó a escribirse, al menos con ese título.

Pensaba mi maestro, en sus años románticos, o —como se decía entonces con frase epigramática popular— ''de alma perdida en un melonar'', que el amor empieza con el recuerdo, y que mal se podía recordar lo que antes no se había olvidado. Tal pensamiento expresa mi maestro muy claramente en estos versos:

> Sé que habrás de llorarme cuando muera
> para olvidarme y, luego,
> poderme recordar, limpios los ojos
> que miran en el tiempo.
> Más allá de tus lágrimas y de
> tu olvido en tu recuerdo,
> me siento ir por una senda clara,
> por un "Adiós, Guiomar" enjuto y serio.

Mi maestro exaltaba el valor poético del olvido, fiel a su metafísica. En ella —conviene recordarlo— era el olvido uno de los "siete reversos, aspectos de la nada o formas del gran Cero". Merced al olvido puede el poeta —pensaba mi maestro— arrancar las raíces de su espíritu, enterradas en el suelo de lo anecdótico y trivial, para amarrarlas, más hondas, en el subsuelo o roca viva del sentimiento, el cual no es ya evocador, sino —en apariencia, al menos— alumbrador de formas nuevas. Porque sólo la creación apasionada triunfa del olvido.

> ...¡Sólo tu figura
> como una centella blanca
> escrita en mi noche oscura!

> Y en la tersa arena,
> cerca de la mar,
> tu carne rosa y morena,
> súbitamente, Guiomar.

> En el gris del muro,
> cárcel y aposento,
> y en un paisaje futuro
> con sólo tu voz y el viento;
> en el nácar frío
> de tu zarcillo en mi boca,

116

Guiomar, y en el calofrío
de una amanecida loca;
asomaba al malecón
que bate la mar de un sueño,
y bajo el arco del ceño
de mi vigilia, a traición,
¡siempre tú!, Guiomar, Guiomar,
mírame en ti castigado:
reo de haberte creado,
ya no te puedo olvidar.

Aquí la creación aparece todavía en la forma obsesionante del recuerdo. A última hora el poeta pretende licenciar a la memoria, y piensa que todo ha sido imaginado por el sentir.

Todo amor es fantasía:
él inventa el año, el día,
la hora y su melodía,
inventa el amante y, más
la amada. No prueba nada
contra el amor que la amada
no haya existido jamás...

(Sobre la política y la juventud.)

La política, señores —sigue hablando Mairena—, es una actividad importantísima... Yo no os aconsejaré nunca el *apoliticismo*, sino, en último término, el desdeño de la política mala que hacen trepadores y cucañistas[2], sin otro propósito que el de obtener ganancia y colocar parientes. Vosotros debéis *hacer política*, aunque otra cosa os digan los que pretenden hacerla sin vosotros, y naturalmente, contra vosotros. Sólo me atrevo a aconsejaros que la hagáis a cara descubierta;

2 *cucañista*: el que intenta conseguir algo sin esfuerzo.

en el peor caso con máscara política, sin disfraz de otra cosa; por ejemplo: de literatura, de filosofía, de religión. Porque de otro modo contribuiréis a degradar actividades tan excelentes, por lo menos, como la política, y a enturbiar la política de tal suerte que ya no podemos nunca entendernos.

Y a quien os eche en cara vuestros pocos años bien podéis responderle que la política no ha de ser necesariamente, cosa de viejos. Hay movimientos políticos que tienen su punto de arranque en una justificada rebelión de menores contra la inepcia de los sedicentes padres, de la patria. Esta política, vista, desde el barullo juvenil, puede parecer demasiado revolucionaria, siendo, en el fondo, perfectamente conservadora. Hasta las madres —¿hay algo más conservador que una madre?— pudieran aconsejarla con estas o parecidas palabras: "Toma el volante, niño, porque estoy viendo que tu papá nos va a estrellar a todos —de una vez— en la cuneta del camino."

(Sobre lo apócrifo.)

Tenéis —decía Mairena a sus alumnos— unos padres excelentes, a quienes debéis respeto y cariño: pero ¿por qué no inventáis otros más excelentes, todavía?

(Mairena examinador.)

Mairena, era, como examinador, extremadamente benévolo. Suspendía a muy pocos alumnos, y siempre tras exámenes brevísimos. Por ejemplo.
—¿Sabe usted algo de los griegos?
—Los griegos... los griegos eran unos bárbaros.
—Vaya usted bendito de Dios.
—¿...?
—Que puede usted retirarse.
Era Mairena —no obstante su apariencia seráfica— hombre, en

118

el fondo, de malísimas pulgas. A veces recibió la visita airada de algún padre de familia que se quejaba, no del suspenso adjudicado a su hijo, sino de la poca seriedad del examen. La escena violenta, aunque también rápida, era inevitable.

—¿Le basta a usted ver a un niño para suspenderlo? —decía el visitante, abriendo los brazos con ademán irónico de asombro admirativo.

Mairena contestaba, rojo de cólera y golpeando el suelo con el bastón:

—¡Me basta ver a su padre!

(Contra los contrarios.)

Nada puede ser —decía mi maestro— lo contrario de lo que es. Nada que *sea* puede tener su contrario en ninguna parte.

Hay una *esencia rosa*, de que todas las rosas participan, y otra *esencia pepino*, y otra *comadreja*, etc., etc., con idéntica virtud. Dicho de otro modo: todas las rosas son *rosa*, todos los pepinos son *pepino*, etc., etc. Pero ¿dónde encontraréis? —ni esencial ni existencialmente— lo contrario de una rosa, de un pepino, de una comadreja? El ser carece de contrario, aunque otra cosa os digan. Porque la Nada, su negación, necesitaría para ser su contrario comenzar por ser algo. Y estaría en el mismo caso de la rosa, del pepino, de la comadreja.

(Del difícil fracaso, de una
Sociedad de las Naciones.)

Algún día —habla Mairena en el café— se reunirán las grandes naciones para asegurar la paz en el mundo. ¿Lo conseguirán? Eso es otra cuestión. Lo indudable es que el prestigio de esa Sociedad no puede nunca menoscabarse. Si surge un conflicto entre dos pequeñas naciones, las grandes aconsejarán la paz paternalmente. Si las pequeñas se empeñan en pelear, allá ellas. Las grandes se dirán: no es cosa de que vayamos a enredarla, convirtiendo una guerra insignificante

119

entre pigmeos en otra guerra en que intervienen los titanes. Ya que no la paz absoluta, la Sociedad de las Naciones conseguirá un mínimum de guerra. Y su prestigio queda a salvo. Si surge un conflicto entre grandes potencias, lo más probable es que la Sociedad de las Naciones deje de existir, y mal puede fracasar una Sociedad no existente.

—Y en el caso, amigo Mairena, de que surja el conflicto porque una gran nación quiera comerse a otra pequeña, ¿qué hacen entonces las otras grandes naciones asociadas?

—Salirle al paso para impedirlo, querido don Cosme.

—¿Y si la gran nación insiste en comerse a la pequeña?

—Entonces las otras grandes naciones le ordenarán que se la coma, pero en nombre de todas. Y siempre quedará a salvo el prestigio de la gran Sociedad de las Naciones.

Los honores —decía mi maestro— deben otorgarse a aquellos que, mereciéndolos, los desean y los solicitan. No es piadoso abrumar con honores al que no los quiere ni los pide. Porque nadie hay, en verdad, que sea indiferente a los honores: a unos agradan, a otros disgustan profundamente. Para unos constituyen un elemento vitalizador, para otros un anticipo de la muerte. Es cruel negárselos a quien, mereciéndolos, los necesita. No menos cruel dárselos a quien necesita no tenerlos, a quien aspira a escapar sin ellos. Mucha obra valiosa y bella puede malograrse por una torpe economía de lo honorífico. Hay que respetar la modestia y el orgullo: el orgullo de la modestia y la modestia del orgullo. No sabemos bien lo que hay en el fondo de todo eso. Sabemos, sin embargo, que hay caracteres diferentes, que son estilos vitales muy distintos. Y esto, sobre todo, lo que yo quisiera que aprendieseis a respetar.

Vosotros sabéis que yo no pretendo enseñaros nada, y que sólo me aplico a sacudir la inercia de vuestras almas, a arar el barbecho[3] empedernido de vuestro pensamiento, a sembrar inquietudes, como se ha dicho muy razonablemente, y yo diría mejor, a sembrar preocupaciones y prejuicios; quiero decir juicios y ocupaciones previos y antepuestos a toda ocupación zapatera y a todo juicio de pan llevar.

---

3 *barbecho*: tierra labrantía que no es trabajada durante una época.

Ya hemos dicho que pretendemos no ser pedantes. Hicimos, sin embargo, algunos distingos. Quisiéramos hacer todavía algunos más. ¿Que modo hay de que un hombre consagrado a la enseñanza no sea un poco pedante? Consideramos que sólo se enseña al niño, porque siempre es niño el capaz de aprender, aunque tenga más años que un palmar. Esto asentado, yo os pregunto: ¿Cómo puede un maestro, o si queréis, un pedagogo, enseñar, educar, conducir al niño sin hacerse algo niño a su vez y sin acabar profesando un saber algo infantilizado? Porque es el niño quien en parte hace al maestro. Y es el saber infantilizado y la conducta infantil del sabio lo que constituye el aspecto más elemental de la pedantería, como parece indicarlo la misma etimología griega de la palabra. Y recordemos que se llamó *pedantes* a los maestros que iban a las casas de nuestros abuelos para enseñar Gramática a los niños. No dudo yo de que estos hombres fueran algo ridículos, como lo muestra el mismo hecho de pretender enseñar a los niños cosa tan impropia de la infancia como es la Gramática. Pero al fin eran maestros y merecen nuestro respeto. Y en cuanto al hecho mismo de que el maestro se infantilice y en cierto sentido se *apedante* en su relación con el niño (pais, paidós), conviene también distinguir. Porque hemos de comprender como niños lo que pretendemos que los niños comprendan. Y en esto no hay infantilismo, en el sentido de retraso mental. En las disciplinas más fundamentales (Poesía, Lógica, Moral, etc.), el niño no puede disminuir al hombre. Al contrario: el niño nos revela que casi todo lo que él puede comprender apenas si merece ser enseñado, y sobre todo, que cuando no acertamos a enseñarlo es porque nosotros no lo sabemos bien todavía.

JUAN DE MAIRENA II

II

¡Revolución desde arriba! Como si dijéramos —comentaba Mairena— renovación del árbol por la copa. Pero el árbol —añadía— se renueva por todas partes, y, muy especialmente, por la raíces. Revolución desde abajo, me suena mejor. Claro que "revolución desde arriba" es un eufemismo desorientador y descaminante. Porque no se trata de renovar el árbol por la copa, sino ¡por la corteza! Reparad en que esa *revolución desde arriba* estuvo siempre a cargo de los viejos, por un lado, y de las *juventudes,* por otro (conservadoras, liberales, católicas, monárquicas, tradicionalistas, etc.), a cargo de la vejez, en suma. Y acabará un día por una *contrarrevolución desde abajo,* un plante popular, acompañado de una inevitable rebelión de menores.

La cultura, vista desde afuera, como la ven quienes nunca contribuyeron a crearla, puede aparecer como un caudal en numerario o mercancías, el cual, repartido entre muchos, entre los más, no es suficiente para enriquecer a nadie. La difusión de la cultura sería, para los que así piensan, un despilfarro o dilapidación de la cultura, realmente lamentable. Esto es muy lógico. Pero es extraño que sean, a veces, los antimarxistas, que combaten la interpretación materialista de la historia, quienes expongan una concepción tan espesamente materialista de la difusión cultural.

Para mí —continuó Mairena— sólo habría una razón de peso contra la difusión de la cultura o tránsito desde un estrecho círculo de elegidos y de privilegiados a otros ámbitos más extensos— si averiguásemos que el principio de Carnot[4] rige también para esa clase de energía espiritual que despierta al dormido. En ese caso, habríamos

---

4 *Sadi-Carnot, Nicolás*: físico francés (1976-1832) que realizó importantes aportes a la termodinámica.

de proceder con sumo tiento, porque una difusión de la cultura implicaría, a fin de cuentas, una degradación de la misma, que la hiciese prácticamente inútil. Pero nada hay averiguado sobre este particular. Nada serio podríamos oponer a una tesis contraria que, de acuerdo con la más acusada apariencia, afirmase la constante reversibilidad de la energía espiritual que produce la cultura, como no fuese nuestra duda, más o menos vehemente, de la existencia de tal energía. Pero esto habría de llevarnos a una discusión metafísica en la cual el principio Carnot-Clausius, o no podría sostenerse, o perdería toda su trascendencia al estadio de la pedagogía.

Vamos a otra cosa o, mejor dicho, a examinar otro aspecto de la cuestión. Nuestra *Escuela Popular de Sabiduría Superior* tendría muchos enemigos; todos aquellos para quienes la cultura es, no sólo un instrumento de poder sobre las cosas, sino también, y muy especialmente, de dominio sobre los hombres. Nos acusarían de corruptores del pueblo, sin razón, pero no sin motivo. Porque si la cultura sirve a unos pocos para mandar, sólo hay una manera muy otra que la nuestra de conservarla; enseñar a obedecer a todos los demás. Y reparad en que esos hombres se preocupan, a su modo, de la educación del pueblo, tanto o más que nosotros. ¿Tendríamos enfrente a la Iglesia, órgano supremo de salvación de las masas? Acaso. Pero no por motivos de competencia. Porque a nosotros no nos preocupan la salvación de las masas. Recordad lo que tantas veces os he dicho. El concepto de masa aplicado al hombre, de origen eclesiástico y burgués, lleva implícita la más anticristiana degradación de nuestro prójimo que cabe imaginar. Muchas gentes de buena fe, nuestros mejores amigos, lo emplean hoy, sin reparar en que el tópico proviene del campo enemigo. Salvación de las masas, educación de las masas... Desconfiad de ese yerro lógico, que es otra terrible caja de Pandora. Se me dirá que el concepto de masa, puramente cuantitativo, puede aplicarse al hombre y a las muchedumbres humanas, como a todo cuanto ocupa lugar en el espacio. Sin duda; pero a condición de no concederle ningún otro valor cualitativo. No olvidemos que, para llegar al concepto de masas humanas, hemos hecho abstracción de todas las cualidades del hombre, con excepción de aquella que el hombre comparte con las cosas materiales: la de poder ser medido con relación a unidad de volumen. De modo que, en estricta lógica, las masas humanas ni pueden salvarse, ni ser educadas. En cambio siempre se podrá disparar sobre ellas. He aquí la malicia que lleva

124

implícita la falsedad de un tópico que nosotros, demócratas incorregibles y enemigos de todo señoritismo cultural, no emplearemos nunca, por un respeto y un amor al pueblo que nuestros adversarios no sentirán nunca.

(Sobre el Pacifismo)

Si yo creyera que había venido a este mundo a pelear; que todo en esta vida, esencialmente batallona, nos era concedido a título de botín de guerra, yo no sería pacifista. Porque carezco de convicciones polémicas, y porque sospecho que lo específicamente humano es la aspiración a sustraerse de algún modo al *bellum omnium contra omnes*[5], me inclino a militar entre los partidarios y defensores de la paz. Pero cuál sea mi posición personal ante esta grave cuestión, que acaso divida al mundo en días no lejanos, importa poco. Importa mucho, en cambio, que reparéis en esto: *superabundan* en nuestro mundo occidental las convicciones bélicas, de aquellos para quienes el templo de Jano[6] nunca debería cerrarse. Para estos hombres, la cultura misma es, fundamentalmente polémica: arte de agredir y de defenderse. Bajo el dogma goethiano —*en el principio era la acción*— en el clima activista de nuestra vieja Europa —la continental y la británica— y de Norteamérica, el concepto de lucha, como actividad vital ineluctable y, al par, como instrumento de selección y de progreso, medra hasta convertirse en ídolo de las multitudes. Interpretaciones más o menos correctas o fantásticas del *struggle-for-liffe* darwiniano[7], que llevan, no obstante, el auténtico impulso polémico de un gran pueblo de presa, han hecho demasiada suerte en el mundo. Y es muy difícil que tantos hombres cargados de razones polémicas, convencidos —¿hasta qué punto?— de que sólo hay

5 *bellum omnium contra omnes*: (latín) la guerra de todos contra todos.
6 *Jano*: dios romano representado con dos caras que miran al pasado y al porvenir; al recibir a Saturno desterrado del Olimpo, éste lo dotó de la clarividencia.
7 *struggle-for-life darwiniano*: "lucha por la existencia", principio extraído de la teoría de Charles Darwin, biólogo inglés autor de *El origen de las especies* (1809-1882), que aplicado acríticamente a la sociedad humana (darwinismo social) justifica el dominio de los débiles por los más fuertes.

125

buenos motivos para pelear, puedan contribuir de algún modo a evitar una futura conflagración universal. Organizaciones pacifistas, *ligas pro paz, etc.*, en un ambiente de belicosos y beligerantes, son pompas de jabón que rompe el viento; porque los mismos hombres que militan en ellas están ganados por el enemigo, son conciencias vencidas que prestan su más hondo asentimiento a la fatalidad de la guerra. Y la verdad es que estas mismas instituciones apenas si tienen de pacifistas más que el nombre; son, cuando más, ligas entre matones que se unen para espiarse, y que apenas si actúan como no sea con ánimo de acelerar la ruina o el exterminio de los débiles. Sin que germine, o se restaure, una forma de conciencia religiosa de sentido amoroso, sin una metafísica de la paz, como la intentada por mi maestro, que nos lleve a una total idea del mundo esencialmente armónica, y en la cual los supremos valores se revelen en la contemplación, y de ningún modo sean un producto de actividades científicas; sin una creencia positiva que no acepte como verdad averiguada la virtud del asesinato para el mejoramiento de la especie humana, ¿creéis que hay motivo alguno que nos obligue a ser pacifistas? Adrede os hago esta pregunta en la forma menos ventajosa para mi tesis. Tan persuadido estoy de la superabundancia de mis razones.

XV

Y cuando os queden pocas horas de vida, recordad el dicho español: *de cobardes no se ha escrito nada.* Y vivid esas horas pensando en que es preciso que se escriba algo de vosotros.

XVI

Aunque os he hablado y os hablaré mucho contra la guerra —sigue conversando Mairena con sus alumnos— no quiero dejar de advertiros que la *paz a ultranza*, que es, al fin, el mantenimiento de una paz asentada en parte sobre las iniquidades de la guerra, es una fórmula hueca, que acaso coincida con las guerras más catastróficas de la historia. Porque una *paz a todo trance* tendría su más inequívoca reducción al absurdo ante este inevitable dilema; o cruzarnos de brazos ante la iniquidad, o guerrear por la justicia, si eligiésemos el primero de los dos términos. ¿Quién duda que, en ese caso, todos los hombres bien nacidos serían guerreros, y pacifistas todos los sinvergüenzas que pueblan el planeta? La paz como finalidad suprema no es menos absurda que la guerra por la guerra misma. Ambas posiciones tienden a despojarse de todo su contenido espiritual, y ambas conducen a la muerte, sin eliminar la lucha entre fieras.

II

Tiempo es ya, tiempo es acaso todavía, de que los españoles intentemos los más hondos análisis de conciencia.

¿A dónde vamos? ¿A dónde íbamos? Preguntas son éstas que llevan aparejadas otras; por ejemplo: ¿con quiénes vamos? ¿Quiénes van a ser en lo futuro nuestros compañeros en el viaje de la historia? ¡Si la guerra nos dejara pensar!...

Pero la guerra es un tema de meditación. Los filósofos no pueden aludirlo en nuestros días. Cierto que para ellos la guerra plantea un problema difícil. Dentro de la guerra hay un deber imperioso, que el filósofo menos que nadie puede eludir: el de luchar y si es preciso el de morir al lado de los mejores. Para luchar, empero, hay que tomar partido, y ello implica una visión muy honda de los propios motivos —ciertamente tan honda que se les vea coincidir con las razones— y otra, digámoslo sin rebozo, demasiado turbia y harto superficial, de los motivos del adversario. Esto pudiera cohonestar la conducta del filósofo que, para meditar sobre la guerra, pide apartamiento, del hombre que se abstiene *filosóficamente* de opinar, lo que, en cierto modo, supone abstención de la lucha. Mas en oposición a esta exigencia de distancia para la visión, hay otra de vivencia —admitamos la palabreja— que toda honda visión implica. Y acaso sea algo frívola la posición del filósofo cuando piensa que la guerra es una impertinencia que viene por sorpresa a perturbar el ritmo de sus meditaciones. Porque la guerra la hemos hecho todos y es justo que todos la padezcamos; es un momento de la gran polémica que constituye nuestra vida social; nadie con mediana conciencia puede creerse totalmente irresponsable. Y si la guerra nos aparece como una sorpresa en el ámbito de nuestras meditaciones y si ella nos coge totalmente desprevenidos de categorías para pensarla, esto quiere decir mucho en contra de nuestras meditaciones y en pro de nuestro deber de revisarlas y de arrojar no pocas al cesto de los papeles inservibles.

IV

No falta quien piense que el miedo a las terribles consecuencias de la guerra puede evitar la guerra. Esto es pedir al miedo lo que el miedo no puede dar, como el olmo no puede dar peras. Es, por el contrario, el miedo el más importante resorte polémico. Por eso la aguzan los dientes o se le arma hasta los dientes.

Reparad en que las fieras sólo pelean o por hambre, que es miedo a fallecer por falta de alimento, o para destruir a un competidor amenazante, que es miedo a la ferocidad misma, miedo al mismo miedo. Porque se confunde el valor con la ferocidad, con profundo desconocimiento de la psicología de las fieras, e ignora que el valor es virtud de los inermes, de los pacíficos —nunca de los matones—, y que, a última hora, las guerras las ganan siempre los hombres de paz, nunca los jaleadores de la guerra. Sólo es valiente quien puede permitirse el lujo de la animalidad que se llama amor al prójimo y es lo específicamente humano.

CANCIONERO APÓCRIFO de ABEL MARTÍN

LA OBRA

Abel Martín dejó una importante obra filosófica (*Las cinco formas de la objetividad, De lo uno a lo otro, Lo universal cualitativo, De la esencial heterogeneidad del ser*) y una colección de poesías, publicada en 1884 con el título de *Los complementarios*.

Digamos algo de su filosofía, tal como aparece, más o menos explícita, en su obra poética, dejando para otros el análisis sistemático de sus tratados puramente doctrinales.

Su punto de partida está, acaso, en la filosofía de Leibniz[8]. Con Leibniz concibe lo real, la sustancia, como algo constantemente activo. Piensa Abel Martín la sustancia como energía, fuerza que puede engendrar el movimiento y es siempre su causa; pero que también subsiste sin él. El movimiento no es para Abel Martín nada esencial. La fuerza puede ser inmóvil —lo es en su estado de pureza—; mas no por ello deja de ser activa. La actividad de la fuerza pura o sustancia se llama conciencia. Ahora bien, esta actividad consciente, por la cual se revela la pura sustancia, no por ser inmóvil es inmutable y rígida, sino que se encuentra en perpetuo cambio. Abel Martín distingue el *movimiento* de la *mutabilidad*. El movimiento supone el espacio, es un cambio de lugar en él, que deja intacto el objeto móvil; no es un cambio real, sino aparente. "Sólo se mueven —dice Abel Martín— las cosas que no cambian". Es decir, que sólo podemos percibir el movimiento de las cosas en cuanto en dos puntos

8 *Leibniz; Gottfried*: filósofo alemán (1646-1716) que intentó dar una base racionalista a la fe cristiana. Su pensamiento culminó en la doctrina metafísica de las *mónadas* (sustancias simples no espacio-temporales), trasmisores de energía. El mundo de la apariencia y la diversidad es manifestación de los sistemas de mónadas y Dios se explica como una Mónada completamente activa.

distintos del espacio permanecen iguales a sí mismas. Su cambio real, íntimo, no puede ser percibido —ni pensado— como movimiento. La mutabilidad, o cambio sustancial, es, por el contrario, inespacial. Abel Martín confiesa que el cambio sustancial no puede ser pensado conceptualmente —porque todo pensamiento conceptual supone el espacio, *esquema de la movilidad de lo inmutable*—; pero sí intuído como el hecho más inmediato por el cual la *conciencia*, o actividad pura de la sustancia, se reconoce a sí misma. A la objeción del sentido común, que afirma como necesario el movimiento donde cree percibir el cambio, contesta Abel Martín que el movimiento no ha sido pensado lógicamente, sin contradicción, por nadie; y que si es intuído, cosa innegable, lo *es siempre* a condición de la inmutabilidad del objeto móvil. No hay, pues, razón para establecer relación alguna entre cambio y movimiento. El sentido común, o común sentir, puede en este caso, como en otros muchos, invocar su derecho a juzgar real lo aparente y afirmar, pues, la realidad del movimiento, pero nunca a sostener la identidad de movimiento y cambio sustancial, es decir, de movimiento y cambio que no sea mero cambio de lugar.

No sigue Abel Martín a Leibniz en la concepción de las mónadas[9] como pluralidad de sustancias. El concepto de pluralidad es inadecuado a la sustancia. ''Cuando Leibniz —dice Abel Martín— supone multiplicidad de mónadas y pretende que cada una de ellas sea el espejo del universo, o una representación más o menos clara del universo entero, no piensa las mónadas como sustancias, fuerzas activas conscientes, sino que se coloca fuera de ellas y se las representa como seres pasivos que forman por refracción, a la manera de los espejos, que nada tienen que ver con las conciencias, la imagen del universo''. La mónada de Abel Martín, porque también Abel Martín habla de mónadas, no sería ni un espejo ni una representación del universo, sino el universo mismo como actividad consciente: *el gran ojo que todo lo ve al verse a sí mismo*. Esta mónada puede ser pensada, por abstracción, en cualquiera de los infinitos puntos de la

9   *mónada*: v. nota 8.

total esfera que constituye nuestra representación espacial del universo (representación grosera y aparencial), pero en cada uno de ellos sería una autoconciencia integral del universo entero. El universo, pensado como sustancia, fuerza activa consciente, supone una sola y única mónada, que sería como el alma universal de Giordano Bruno[10] (*Anima tota in toto el qualibet totius parte*).

En la primera página de su libro de poesías *Los complementarios*, dice Abel Martín:

> Mis ojos en el espejo
> son ojos ciegos que miran
> los ojos con que los veo.

En una nota, hace constar Abel Martín que fueron estos tres versos los primeros que compuso, y que los publica, no obstante su aparente trivialidad o su marcada perogrullez, porque de ellos sacó, más tarde, por reflexión y análisis, toda su metafísica.

La segunda composición del libro dice así:

> Gracias, Petenera mía;
> por tus ojos me he perdido;
> era lo que yo quería.

Y añade, algunas páginas más adelante:

> Y en la cosa nunca vista
> de tus ojos me he buscado:
> en el ver con que me miras.

En las coplas de Abel Martín se adivina cómo, dada su concepción de la sustancia, unitaria y mudable, quieta y activa, preocupan al poeta los problemas de las cuatro apariencias: el movimiento, la materia

---

10 *Giordano Bruno*: filósofo italiano (1548-1600) que combatió la filosofía escolástica; propagandista apasionado de la concepción materialista del mundo entendida como panteísmo, fue quemado por la Inquisición en Roma. Inspirándose en el neoplatonismo, admitía la existencia de un espíritu universal, concebido como principio de la vida y como sustancia anímica que se halla en todas las cosas y constituye su principio motor.

131

extensa, la limitación cognoscitiva y la multiplicidad de sujetos. Este último es para Abel Martín, poeta, el apasionante problema del amor.

Que fue Abel Martín hombre en extremo erótico lo sabemos por testimonio de cuantos le conocieron, y algo también por su propia lírica, donde abundan expresiones, más o menos hiperbólicas, de un apasionado culto a la mujer.

Ejemplos:

La mujer
es el anverso del ser.

Sin el amor, las ideas
son como mujeres feas,
o copias dificultosas
de los cuerpos de las diosas.

Sin mujer
no hay engendrar ni saber.

De las cinco formas de la objetividad que estudia Abel Martín en su obra más extensa de metafísica, a cuatro diputa aparenciales, es decir, apariencias de objetividad y, en realidad, actividades del sujeto mismo. Así, pues, la primera, en el orden de su estudio, la x constante del conocimiento, considerado como problema infinito, sólo tiene de objetiva la pretensión de serlo. La segunda, el llamado mundo objetivo de la ciencia, descolorido y descualificado, mundo de puras relaciones cuantitativas, es el fruto de un trabajo de desubjetivación del sujeto sensible, que no llega —claro es— a plena realización, y que, aunque a tal llegara, sólo conseguiría agotar el sujeto, pero nunca revelar objeto alguno, es decir, algo opuesto o distinto del sujeto. La tercera es el mundo de nuestra representación como seres vivos, el mundo fenoménico propiamente dicho. La cuarta forma de la objetividad corresponde al mundo que se representan otros sujetos vitales. ''Éste —dice Abel Martín— aparece, en verdad, englobado en el mundo de mi representación; pero, dentro de él se le reconoce por una vibración propia, por voces que pretendo distinguir de la mía. Estos dos mundos que tendemos a unificar en una representación homogénea, el niño los diferencia muy bien, aun antes de poseer el lenguaje.

Mas esta cuarta forma de la objetividad no es, en última instancia, objetiva tampoco, sino una aparente escisión del sujeto único que engendra, por intersección e interferencia, al par, todo el elemento tópico y conceptual de nuestra psique, la moneda de curso en cada grupo viviente''.

Mas existe —según Abel Martín— una quinta forma de la objetividad, mejor diremos una quinta pretensión a lo objetivo, que se da tan en las fronteras del sujeto mismo, que parece referirse a un *otro* real, objeto, no de conocimiento, sino de amor.

Vengamos a las rimas eróticas de Abel Martín.

El amor comienza a revelarse como un súbito incremento del caudal de la vida, sin que, en verdad, aparezca objeto concreto al cual tienda.

Primavera

Nubes, sol, prado verde y caserío
en la loma, revueltos. Primavera
puso en el aire de este campo frío
la gracia de sus chopos de ribera.

Los caminos del valle van al río
y allí, junto del agua, amor espera.
¿Por ti se ha puesto el campo ese atavío
de joven, oh invisible compañera?

¿Y ese perfume del habar al viento?
¿Y esa primera blanca margarita?
¿Tú me acompañas? En mi mano siento

doble latido; el corazón me grita,
que en las sienes me asorda el pensamiento:
eres tú quien florece y resucita.

''La amada —dice Abel Martín— acompaña antes que aparezca o se oponga como objeto de amor; es, en cierto modo, una con el amante, no al término, como en los místicos, del proceso erótico, sino en su principio''.

En un largo capítulo de su libro *De lo uno a lo otro*, dedicado al amor, desarrolla Abel Martín el contenido de este soneto. No hemos de seguirle en el camino de una pura especulación, que le lleva al fondo de su propia metafísica, allí donde pretende demostrar que es precisamente el amor la autorrevelación de la esencial heterogeneidad de la sustancia única. Sigámosle, por ahora, en sus rimas, tan sencillas en apariencia, y tan claras que, según nos confiesa el propio Abel Martín, hasta las señoras de su tiempo creían comprenderlas mejor que él mismo las comprendía. Sigámosle también en las notas que acompaña a sus rimas eróticas.

En una de ellas dice Abel Martín: ''Ya algunos pedagogos comienzan a comprender que los niños no deben ser educados como meros aprendices de hombres, que hay algo sagrado en la infancia para vivido plenamente por ella. Pero ¡qué lejos estamos todavía del respeto a lo sagrado juvenil! Se quiere a todo trance apartar a los jóvenes del amor. Se ignora o se aparenta ignorar que la castidad es, por excelencia, la virtud de los jóvenes, y la lujuria, siempre, cosa de viejos; y que ni la naturaleza ni la vida social ofrecen los peligros que los pedagogos temen para sus educandos. Más perversos, acaso, y más errados, sin duda, que los frailes y las beatas, pretenden hacer del joven un niño estúpido que juegue, no como el niño, para quien el juego es la vida misma, sino con la seriedad de quien cumple un rito solemne. Se quiere hacer de la fatiga muscular beleño adormecedor del sexo. Se aparta al joven de la galantería, a que es naturalmente inclinado, y se le lleva al deporte, al juego extemporáneo. Esto es perverso. Y no olvidemos —añade— que la pederastia[11], actividad erótica desviada y superflua, es la compañera inseparable de la gimnástica''.

11 *pederastia*: abuso deshonesto cometido en un niño.

CANCIONERO APÓCRIFO DE JUAN DE MAIRENA

Juan de Mairena, poeta filósofo, retórico e inventor de una *Máquina de cantar*. Nació en Sevilla (1865). Murió en Casariego de Tapia (1909). Es autor de una *Vida de Abel Martín*, de un *Arte poética*, de una colección de poesías: *Coplas mecánicas* y de un tratado de metafísica: *Los siete reversos*.

LA METAFÍSICA DE JUAN DE MAIRENA

"Todo poeta —dice Abel Martín— supone una metafísica; acaso cada poema debiera tener la suya —implícita, claro está, nunca explícita—, y el poeta tiene el deber de exponerla, por separado, en conceptos claros. La posibilidad de hacerlo distingue al verdadero poeta del mero señorito que compone versos" (*Los siete reversos*, pag. 192). Digamos algunas palabras sobre la metafísica de Juan de Mairena.

Su punto de partida está en un pensamiento de su maestro Abel Martín. Dios no es el creador del mundo, sino el ser absoluto, único y real, más allá del cual nada es. No hay problema genético de lo que es. El mundo es sólo un aspecto de la divinidad; de ningún modo una creación divina. Siendo el mundo real, y la realidad única y divina, hablar de una creación del mundo equivaldría a suponer que Dios se creaba a sí mismo. Tampoco el ser, la divinidad, plantea ningún problema metafísico. Cuanto es aparece; cuanto aparece es. Todo el trabajo de la ciencia —que Mairena admira y venera— consiste en descubrir nuevas apariencias: es decir, nuevas apariciones del ser; de ningún modo nos suministra razón alguna esencial para distinguir entre lo real y lo aparente. Si el trabajo de la ciencia es infinito y nunca puede llegar a un término, no es porque busque una realidad que huye y se oculta tras una apariencia, sino porque lo real es una apariencia infinita, una constante e inagotable posibilidad de aparecer.

No hay, pues, problema del ser, de lo que aparece. Sólo lo que no es, lo que no aparece, puede constituir problema. Porque este problema no interesa tanto al poeta como al filósofo propiamente dicho. Para el poeta, el no *ser* es la creación divina, el milagro del *ser que es*, el *fiat umbra!* a que Martín alude en su soneto inmortal *Al gran Cero*, la palabra divina que al poeta asombra y cuya significación debe explicar el filósofo.

> Borraste el ser; quedó la nada pura.
> Muéstrame ¡oh Dios! la portentosa mano
> que hizo la sombra; la pizarra oscura
> donde se escribe el pensamiento humano.

(Abel Martín, *Los complementarios*)

O como más tarde dijo Mairena, glosando a Martín:

> Dijo Dios: Brote la nada.
> Y alzó la mano derecha,
> hasta ocultar su mirada.
> Y quedó la nada hecha.

Así simboliza Mairena, siguiendo a Martín, la creación divina, por un acto negativo de la divinidad, por un voluntario cegar del *gran ojo, que todo lo ve al verse a sí mismo*.

Se preguntará: ¿cómo, si no hay problema de lo que es, puesto que lo aparente y lo real son una y la misma cosa, o, dicho de otro modo, es lo real la suma de las apariciones del ser, puede haber una metafísica? A esta objeción respondía Mairena: "Precisamente la desproblematización del ser, que postula la absoluta realidad de lo aparente, pone *ipso facto* sobre el tapete el problema del *no ser*, y este es el tema de toda futura metafísica". Es decir, que la metafísica de Mairena será la *ciencia del no ser*, de la absoluta irrealidad, o, como decía Martín, de las varias formas del cero. Esta metafísica es *ciencia de lo creado*, de la obra divina, de la pura nada, a la cual se llega por análisis de conceptos; sólo contiene, como la metafísica de escuela, pensamiento puro; pero se diferencia de ella en que no pretende definir al ser (no es, pues, ontología), sino a su contrario. Y le cuadra, en verdad, el nombre de metafísica: ciencia de lo que está más allá del ser, es decir, más allá de la física.

Los *siete reversos* es el tratado filosófico en que Mairena pretende enseñarnos los siete caminos por donde puede el hombre llegar a comprender la obra divina: la pura nada. Partiendo del pensamiento mágico de Abel Martín, *de la esencial heterogeneidad del ser, de la inmanente ofredad del ser que se es, de la sustancia única, quieta y en perpetuo cambio, de la conciencia integral, o gran ojo...*, etc., etc., es decir, del pensamiento poético, que acepta como principio evidente la realidad de todo contenido de conciencia, intenta Mairena la génesis del pensamiento lógico, de las formas homogéneas del pensar: la pura sustancia, el puro espacio, el puro tiempo, el puro movimiento, el puro reposo, el puro *ser que no es y la pura nada.*

PROSAS VARIAS

SOBRE LA DEFENSA Y LA DIFUSIÓN DE LA CULTURA[12]

Discurso pronunciado en Valencia en la sesión de clausura del Congreso Internacional de Escritores

EL POETA Y EL PUEBLO

Cuando alguien me preguntó, hace ya muchos años, ¿piensa usted que el poeta debe escribir para el pueblo, o permanecer encerrado en su *torre de marfil* —era el tópico al uso de aquellos días— consagrado a una actividad aristocrática, en esferas de la cultura sólo accesibles a una minoría selecta?, yo contesté con estas palabras, que a muchos parecieron un tanto evasivas o ingenuas: "Escribir para el pueblo —decía mi maestro—, ¡qué más quisiera yo! Deseoso de escribir para el pueblo, aprendí de él cuanto pude, mucho menos —claro está— de lo que él sabe. Escribir para el hombre de nuestra raza, de nuestra tierra, de nuestra habla, tres cosas de inagotable contenido que no acabamos nunca de conocer. Y es mucho más, porque escribir para el pueblo nos obliga a rebasar las fronteras de nuestra patria; es escribir también para los hombres de otras razas, de otras tierras y de otras lenguas. Escribir para el pueblo es llamarse Cervantes, en España; Shakespeare, en Inglaterra; Tolstoy, en Rusia,. Es el milagro de los genios de la palabra. Tal vez alguno de ellos lo realizó sin

---

12 *Sobre la defensa...cultura*: la Asociación Internacional de Escritores había decidido celebrar su Congreso en Madrid, pero las trágicas circunstancias obligaron a cambiar la sede y la primera reunión tuvo lugar en el Ayuntamiento de Valencia el 4 de julio de 1937 y fue inaugurada por Juan Negrín, presidente del gobierno republicano.

saberlo, sin haberlo deseado siquiera.Día llegará en que sea la más consciente y suprema aspiración del poeta. En cuanto a mí, mero aprendiz de gay-saber, no creo haber pasado del folklorista, aprendiz, a mi modo, de saber popular''.

Mi respuesta era la de un español consciente de su hispanidad, que sabe, que necesita saber cómo en España casi todo lo grande es obra del pueblo o para el pueblo, cómo en España lo esencialmente aristocrático, en cierto modo, es lo popular. En los primeros meses de la guerra que hoy ensangrienta a España, cuando la contienda no había aún perdido su aspecto de mera guerra civil, yo escribí estas palabras que pretenden justificar mi fe democrática, mi creencia en la superioridad del pueblo sobre las clases privilegiadas.

....

Entre españoles, lo esencial humano se encuentra con la mayor pureza y el más acusado relieve en el alma popular. Yo no sé si puede decirse lo mismo de otros países. Mi folklore no ha traspuesto las fronteras de mi patria. Pero me atrevo a asegurar que, en España, el prejuicio aristocrático, el de escribir exclusivamente para los mejores, puede aceptarse y aun convertirse en norma literaria, sólo con esta advertencia: la aristocracia española está en el pueblo, escribiendo para el pueblo se escribe para los mejores. Si quisiéramos, piadosamente, no excluir del goce de una literatura popular a las llamadas clases altas, tendríamos que rebajar el nivel humano y la categoría estética de las obras que hizo suyas el pueblo y entreverarlas con frivolidades y pedanterías. De un modo más o menos consciente, es esto lo que muchas veces hicieron nuestros clásicos. Todo cuanto hay de superfluo en el *Quijote* no proviene de concesiones hechas al gusto popular, o, como se decía entonces, a la necedad del vulgo, sino por el contrario, a la perversión estética de la corte. Alguien ha dicho con frase desmesurada, inaceptable *ad pedem litterae* pero con profundo sentido de verdad: en nuestra gran literatura casi todo lo que no es folklore es pedantería.

Pero dejando a un lado el aspecto español o, mejor, españolista de la cuestión, que se encierra a mi juicio en este claro dilema: o escribimos sin olvidar al pueblo, o sólo escribimos tonterías, y volviendo al aspecto universal del problema, que es el de la difusión de la cultura, y el de su defensa, voy a leeros palabras de Juan de Mairena, un profesor apócrifo o hipotético, que proyectaba en nuestra patria una *Escuela Popular de Sabiduría Superior.*

La cultura vista desde fuera, como la ven quienes nunca contribuyeron a crearla, puede aparecer como un caudal en numerario o mercancía, el cual, repartido entre muchos, entre los más, no es suficiente para enriquecer a nadie. La difusión de la cultura sería, para los que así piensan —si esto es pensar—, un despilfarro o dilapidación de la cultura, realmente lamentable. ¡Esto es tan lógico!... Pero es extraño que sean, a veces, los antimarxistas, que combaten la interpretación materialista de la historia, quienes expongan una concepción tan materialista de la difusión cultural.

En efecto, la cultura vista desde fuera, como si dijéramos desde la ignorancia, o también, desde la pedantería, puede aparecer como un tesoro cuya posesión y custodia sean el privilegio de unos pocos; y el ansia de cultura que siente el pueblo, y que nosotros quisiéramos contribuir a aumentar en el pueblo, aparecería como la amenaza a un sagrado depósito. Pero nosotros, que vemos la cultura desde dentro, quiero decir desde el hombre mismo, no pensamos ni en el caudal, ni en el tesoro, ni en el depósito de la cultura, como en los fondos o existencias que puedan acapararse, por un lado, o, por otro, repartirse a voleo, mucho menos que puedan ser entrados a saco por las turbas. Para nosotros, defender y difundir la cultura es una misma cosa: aumentar en el mundo el humano tesoro de conciencia vigilante. ¿Cómo? Despertando al dormido. Y mientras mayor sea el número de despiertos... Para mí —decía Juan de Mairena— sólo habría una razón atendible contra una gran difusión de la cultura— o tránsito de la cultura concentrada en un estrecho círculo de elegidos o privilegiados a otros ámbitos más extensos— si averiguásemos que el principio de Carnot rige también para esa clase de energía espiritual que despierta al durmiente. En ese caso, habríamos de proceder con sumo tiento porque una excesiva difusión de la cultura implicaría, a fin de cuentas, una degradación de la misma que la hiciese prácticamente inútil. Pero nada hay averiguado, a mi juicio, sobre este particular. Nada serio podríamos oponer a una tesis contraria que, de acuerdo con la más acusada apariencia, afirmase la constante reversibilidad de la energía espiritual que produce cultura.

Para nosotros, la cultura no proviene de energía que se degrada al propagarse, ni es caudal que se aminore al repartirse; su defensa, obra será de actividad generosa que lleva implícita las dos más hondas paradojas de la ética: sólo se pierde lo que se guarda, sólo se gana lo que se da.

Enseñad al que no sabe; despertad al dormido; llamad a la puerta de todos los corazones, de todas las conciencias. Y como tampoco es el hombre para la cultura, sino la cultura para el hombre, para todos los hombres, para cada hombre, de ningún modo un fardo ingente para ser levantado en vilo por todos los hombres, de tal suerte que solo el peso de la cultura pueda repartirse entre todos, si mañana un vendaval de cinismo, de elementalidad humana, sacude el árbol de la cultura y se lleva algo más que sus hojas secas, no os asustéis. Los árboles demasiado espesos necesitan perder algunas de sus ramas, en beneficio de sus frutos. Y a falta de una poda sabia y consciente, pudiera ser bueno el huracán.

Cuando a Juan de Mairena se le preguntó si el poeta y, en general, el escritor debía escribir para las masas, contestó: Cuidado, amigos míos. Existe un hombre del pueblo, que es, en España al menos, el hombre elemental y fundamental y el que está más cerca del hombre universal y eterno. El hombre masa no existe; las masas humanas son una invención de la burguesía, una degradación de las muchedumbres de hombres, basada en una descalificación del hombre que pretende dejarle reducido a aquello que el hombre tiene de común con los objetos del mundo físico: la propiedad de poder ser medido con relación a unidad de volumen. Desconfiad del tópico *"masas humanas"*. Muchas gentes de buena fe, nuestros mejores amigos, lo emplean hoy, sin reparar en que el tópico proviene del campo enemigo: de la burguesía capitalista que explota al hombre y necesita degradarlo; algo también de la Iglesia, órgano de poder, que más de una vez se ha proclamado instituto supremo para la salvación de las masas. Mucho cuidado; a las masas no las salva nadie; en cambio, siempre se podrá disparar sobre ellas. ¡Ojo!

Muchos de los problemas de más difícil solución que plantea la poesía futura —la continuación de un arte eterno en nuevas circunstancias de lugar y de tiempo— y el fracaso de algunas tentativas bien intencionadas provienen, en parte, de esto: escribir para las masas no es escribir para nadie, menos que nada para el hombre actual, para esos millones de conciencias humanas, esparcidas por el mundo entero, y que luchan —como en España— heroica y denodadamente por destruir cuantos obstáculos se opongan a su hombría integral, por conquistar los medios que les permitan incorporarse a ella. Si os dirigís a las masas, el hombre, el *cada hombre* que os escuche no se sentirá aludido y necesariamente os volverá la espalda.

He aquí la malicia que lleva implícita la falsedad de un tópico que nosotros, demófilos incorregibles y enemigos de todo señoritismo cultural, no emplearemos nunca de buen grado, por un respeto y un amor al pueblo que nuestros adversarios no sentirán jamás.

DISCURSO A LAS
JUVENTUDES SOCIALISTAS UNIFICADAS

Acaso el mejor consejo que puede darse a un joven es que lo sea realmente. Ya sé que a muchos parecerá superfluo este consejo. A mi juicio, no lo es. Porque siempre puede servir para contrarrestar el consejo contrario, implícito en una educación perversa: *procura ser viejo lo antes posible.*

Se vela por la pureza de la niñez; se la defiende, sobre todo, de los peligros de una pubescencia anticipada. Muy pocos velan por la pureza de la juventud; a muy pocos inquieta el peligro, no menos grave, de una vejez prematura. Sabemos ya, y acaso lo hemos creído siempre, que la infancia no se enturbia a sí misma, y hemos adquirido un respeto al niño, loable, en verdad, si no alcanzase los linderos de la idolatría. Se sigue creyendo, en cambio, que toda la turbulencia que advertimos en los jóvenes es de fuente juvenil, y que al joven sólo puede curarle la vejez. Yo he pensado siempre lo contrario. Por ello he dicho siempre a los jóvenes: adelante con vuestra juventud. No que ella se extienda más allá de sus naturales límites en el tiempo, sino que dentro de ellos la viváis plenamente. Adelante, sobre todo, con vuestra faena juvenil: ella es absolutamente intransferible; nadie la hará si vosotros no la hacéis.

Uno de los graves pecados de España, tal vez el más grave, acaso el que hoy purgamos con la tragedia de nuestra patria, es el que pudiéramos llamar "gran pecado de las juventudes viejas". Yo las conozco bien, amigos queridos, perdonadme esta pequeña jactancia. En mi ya larga vida, he visto desfilar varias promociones y diversos equipos de jóvenes pervertidos por la vejez; ratas de sacristía, flores de platinillo, repugnantes lombrices de caño sucio. Los conozco bien. Y son esos mismos jóvenes sin juventud los que hoy, ya maduros, mejor diré, ya podridos, levantan, en la retaguardia de sus ejércitos mercenarios, los estandartes de la reacción, los mismos que decidieron, fría y cobardemente, vender a su patria y traicionar el porvenir de su pueblo. Son esos mismos también, aunque no siempre lo parezcan, los que hoy quisieran corromperos, sembrar la confusión y el desorden en vuestras filas, los enemigos de vuestra disciplina, en suma, cualesquiera que sean los ideales que digan profesar.

¡La disciplina!... He aquí una palabra que vosotros, jóvenes socialistas unificados, no necesitáis, por fortuna, que yo recuerde. Porque vosotros sabéis que la disciplina, útil para el logro de todas las empresas humanas, es imprescindible en tiempos de guerra. De disciplina sabéis vosotros, por jóvenes, mucho más que nosotros, los viejos, pudiéramos enseñaros. Contra lo que se cree, o afecta creerse, también la disciplina es una virtud esencialmente juvenil, que muy rara vez alcanzan los viejos. Sólo la edad generosa, abierta a todas las posibilidades del porvenir, realiza gustosa el sacrificio de todo lo mezquinamente individual a las férreas normas colectivas que el ideal impone. Sólo los jóvenes verdaderos saben obedecer sin humillación a sus capitanes, velar por el prestigio, sin sombra de adulación, de los hombres que, en los momentos de peligro, manejan el timón de nuestras naves; sólo ellos saben que en tiempo de guerra y de tempestad los capitanes y los pilotos, cuando están en sus puestos, son sagrados.

Nada temo de la indisciplina juvenil, porque nunca he creído en ella. Mucho temo, mucho he temido siempre de la mansa indisciplina de la vejez, de esa *vejez anárquica*, en el sentido peyorativo de estas dos palabras —un hombre encanecido en actividades heroicas sabe guardar como un tesoro la llama íntegra de su juventud, y un anarquista verdadero puede ser un santo—, de ese espíritu díscolo y rebelde a toda idealidad, siempre avaro de bienes materiales, codicioso de mando para imponer la servidumbre, que, en suma, sólo obedece a lo más groseramente individual: los humores y apetitos de su cuerpo averiado, sus rencores más turbios, sus lujurias más extemporáneas. A eso, que es la vejez misma, he temido siempre.

Si reparáis en la breve historia de nuestra República, que se inaugura magníficamente con signo juvenil, dominada por hombres que gobiernan y legislan atentos al porvenir de su pueblo, veréis que es un hombre profundamente viejo, un alma decrépita de ramera averiada y reblandecida, el llamado Lerroux[13], quien se encarga de

---

13 *Lerroux, Alejandro*: jefe del gobierno republicano a la caída de Manuel Azaña (1933) instauró una etapa conservadora que paralizo las reformas propuestas por el gobierno anterior y reprimió, los movimientos populares.

acarrear a ella, de amontonar sobre ella —¡nuestra noble República!— todos los escombros de la rancia política en derribo, toda la cochambre de la inagotable picaresca española. A esto llama él *ensanchar la base de la República.*

Yo os saludo, pues, jóvenes socialistas unificados, con un respeto que no siempre puedo sentir por los ancianos de mi tiempo, porque muchos de ellos estaban deshaciendo a España y vosotros pretendéis hacerla. Desde un punto de vista teórico, yo no soy marxista, no lo he sido nunca, es muy posible que no lo sea jamás. Mi pensamiento no ha seguido la ruta que desciende de Hegel a Carlos Marx[14]. Tal vez porque soy demasiado romántico, por el influjo, acaso, de una educación demasiado idealista, me falta simpatía por la idea central del marxismo: me resisto a creer que el factor económico, cuya enorme importancia no desconozco, sea el más esencial de la vida humana y el gran motor de la historia. Veo, sin embargo, con entera claridad, que el Socialismo, en cuanto supone una manera de convivencia humana, basada en el trabajo, en la igualdad de los medios concedidos a todos para realizarlo, y en la abolición de los privilegios de clase, es una etapa inexcusable en el camino de la justica; veo claramente que es ésa la gran experiencia humana de nuestros días, a que todos de algún modo debemos contribuir. Ella coincide plenamente con vuestra juventud, y es una tarea magnífica, no lo dudéis. De modo que, no sólo por jóvenes verdaderos, sino también por socialistas, yo os saludo con entera cordialidad. Y en cuanto habéis sabido unificaros, que es mucho más que uniros, o juntaros, para hacer ruido, contáis con toda mi simpatía y con mis más sincera admiración.

1º de mayo 1937

14 *Hegel, Georg F.:* Filósofo idealista alemán (1770-1831) creador del método dialéctico; ejerció enorme influencia en la filosofía de su época (*Fenomenología del espíritu*-1807). *Karl Marx:* filósofo y economista alemán (1818-1883) partió de la dialéctica de Hegel pero la interpretó en términos materialistas; fue el primero que sistematizó el pensamiento socialista y en su obra más importante, *El capital* (1867, 1885) considera las relaciones económicas entre los hombres como "motor de la historia".

CARTA A MARÍA LUISA CARNELLI[15]

Querida y admirada amiga:

Me anuncia usted su viaje a la Argentina, donde va usted a organizar los trabajos de solidaridad con España. Yo le deseo el más feliz arribo a su patria, y el más rápido también, si ello ha de amenguar el tiempo de su ausencia.

Como usted lleva a España consigo, me parece redundante pedirle que lleve también a la Argentina, a esa gran República, un mensaje español con una carta mía. Soy yo, además, muy poca cosa para asumir la representación de algo tan grande como es la España de hoy. Pero sí me atrevo a suplicarle que lleve a sus compatriotas, de parte mía, el abrazo fraterno de un español que, en los momentos actuales, cree estar en su puesto, cumpliendo estrictamente su deber. Usted sabe muy bien, porque lo ha visto con sus propios ojos, que España está invadida por el extranjero; que, merced a la traición, dos grandes potencias han penetrado en ella subrepticiamente, y pretenden dominarla para disponer de su destino futuro, para borrar por la fuerza y la calumnia su historia pasada. En el trance trágico y decisivo que vivimos, no hay, para ningún español bien nacido, opción posible, no le es dado elegir bando o bandería, ha de estar necesariamente con España, contra sus invasores extranjeros y contra los traidores de casa. Carezco de filiación de partido, no la he tenido nunca, aspiro a no tenerla jamás. Mi ideario político se ha limitado siempre a aceptar como legítimo solamente el gobierno que representa la voluntad libre del pueblo. Por eso estuve siempre al lado de la República Española, por cuyo advenimiento trabajé en la medida de mis fuerzas, y siempre dentro de los cauces que yo estimaba legítimos. Cuando la república se implantó en España como una inequívoca expresión de la voluntad popular, la saludé con alborozo y me apresté a servirla, sin aguardar

---

15 *María Luisa Carnelli:* periodista argentina, participó en al Guerra Civil como cronista de *Ahora*, publicación de Buenos Aires; esta carta aparece en este periódico como homenaje a la muerte del poeta (Año V-N° 385, 28 de febrero de 1939. Existente en la Hemeroteca de la Biblioteca Nacional).

de ella ninguna ventaja material. Si hubiera venido como consecuencia de un golpe de mano, como una imposición de la fuerza, yo hubiera estado siempre enfrente de ella. Cuando un grupo de militares volvió contra el legítimo gobierno de la República las armas que éste había depositado en su ejército, yo estuve, incondicionalmente, al lado del gobierno, sin miedo a la potencia de aquellas armas que traidoramente se le habían arrebatado. Al lado del gobierno y, por descontado, al lado del pueblo, del pueblo casi inerme que era, no obstante la carencia de máquinas guerreras, el legítimo ejército de España. Cuando se produjo el hecho monstruoso de la invasión extranjera, tuve el profundo consuelo de sentirme más español que nunca: de saberme absolutamente irresponsable de la traición. Por desgracia se habían confirmado mis tristes augurios: quienes traicionan a su pueblo dentro de casa trabajan siempre para cobrar su traición en moneda extranjera, están vendiendo al par su propio territorio. Y en verdad, no es mucho vender el propio territorio cuando antes se ha vendido al hombre que lo labra. Lo uno es consecuencia inevitable de lo otro.

Se nos ha calumniado diciendo que trabajamos por cuenta de Rusia. La calumnia es doblemente pérfida. Rusia es un pueblo gigantesco que honra a la especie humana. Nadie, que no sea un imbécil, podrá negarle su admiración o su respeto. Pero Rusia, que renunció a toda ambición imperialista para realizar en su casa la ingente experiencia de crear una nueva forma de convivencia humana, no ha tenido jamás la más leve ambición de dominio en España. Rusia es por el contrario el más firme sostén de la independencia de los pueblos. Si ha sabido, en su gran revolución, libertar a los suyos ¿cómo ha de atentar a la libertad de los ajenos? Esto lo saben ellos —nuestros enemigos— tan bien como nosotros, aunque simulan ignorarlo.

Por fortuna, hoy sabemos que nuestros adversarios no son tan fuertes como ellos creen, porque entre todos ellos no hay un átomo de energía moral. Porque ellos no pueden dudar de su propia vileza, están moralmente *vencidos*; y lo estarán en todos los sentidos de la palabra cuando refluya la ola de cinismo que hoy invade a la vieja Europa.

Y no quiero seguir. De españolismo, querida amiga, nada tiene usted que aprender de mí. Usted sabe muy bien que los enemigos de España son enemigos de todas las Españas.

Lleve usted a los suyos un saludo fraterno y la expresión de una gratitud infinita. Su amigo que la admira.

Barcelona, 19 de noviembre de 1938

"Sed buenos y no más, sed lo que he sido entre vosotros: alma."
(A don Fco. G. de los Ríos)

En uno de los últimos homenajes. (Hijo adoptivo de Soria, 1932)

LOS COMPLEMENTARIOS[16]

FRAGMENTO DE PESADILLA

Sonaron unos golpecitos en la puerta.
Me desperté sobresaltado.
—*¿Quién es?*
—*Soy yo: el verdugo.*
Por un alto ventanuco entraba la luz clara y fría del amanecer.
Apareció un hombrecillo viejo y jovial, con un paquete bajo el brazo.
—*Puede usted, si quiere, dormir un poquito más; todavía no es hora... Pero si le es a usted lo mismo... Yo estoy a su disposición. Ahorco a domicilio y traigo conmigo todo lo necesario.*
El hombrecillo tenía aspecto de barbero.
Yo me sentí sobre un lecho duro. Miré en torno mío. ¡Qué extraña habitación!
—*¿A domicilio?... Esta no es mi casa.*
—*El domicilio del preso es la celda de la cárcel.*
Y el viejo sonreía afablemente.
—*Pero ¿es cierto que es usted el verdugo? ¿Y me va usted a ahorcar?*
—*Sí; pero eso no tiene importancia; se hace todos los días. Además, hoy por ti y mañana por mí.*
—*Eso es lo que ya no comprendo.*
—*Sí; que hoy viene por usted el verdugo y mañana por mí. El verdugo es la muerte.*

---

16 *Los complementarios*: esta compilación póstuma realizada por Guillermo de Torre en 1957 lleva el mismo título de la colección de poesías que el ''apócrifo'' Abel Martín publicó en 1884.

Me golpeé el pecho con ambas manos, para ver si estaba despierto o si soñaba. Después grité:

—¡¡Soy inocente!!

—*Oh amigo, compañero (porque yo también soy compañero de usted; figuro en el escalafón de empleados, aunque cobro por nómina aparte), procure reportarse. Yo ahorco por las buenas. Nada de violencia... Pero póngase usted en mi caso. Si no le ahorco a usted, me ahorcan a mí. Además, tengo mujer e hijos... Usted se hará cargo.*

En efecto —pensaba yo—: los verdugos son hombres finos, que procuran no molestar demasiado a sus víctimas y aun captarse su benevolencia, pidiéndoles perdón anticipado por la ejecución. Esto va de veras... ¡Dios mío!

—*¿Se decide usted? Verá qué cosa tan sencilla* —dijo el hombre-cillo sonriente, mientras depositaba en el suelo algo envuelto en un paño negro.

Yo miraba a las paredes de la celda, húmedas y mugrientas, pintarrajeadas con almazarrón. Y leí —ya sin extrañeza— algunos letreros: "¡Mírate en ese espejo!", "El verdadero ahorcado huele el pescado", "Toribio: ¡saca la lengua!".

El viejecillo levantó el paño negro y descubrió un artefacto, algo así como una horma de sombrerero, colocada sobre un mástil que iba poco a poco levantándose...

Comencé a sentir un vago malestar en el estómago, que, poco a poco, se iba adueñando de todo mi cuerpo.

(¡Qué desagradable es todo esto!)

—*Un metro ochenta... Basta... ¿Ve usted?* —¡añadió—. *¡Animo! En un periquete despachamos* —y el viejecillo me miraba sonriente, cariñoso... Yo pensaba: (Este tío es un farsante.)

Mientras contemplaba el extraño aparato, mi memoria se ilumi-naba. Empecé a recordar... Sí; se me había acusado de un crimen. Yo arrojé a la vía —según se me dijo— al revisor del expreso de Barcelona. Un juez me interrogó; después quedé procesado y preso. Cuando se vio la causa, los jurados contestaron sí a tres preguntas y no a otras tres. Se me condenó a pena capital. Yo grité: ¡Soy inocente! Los jueces me mandaron callar con malos modos. Mientras me retiraba de la sala, conducido por dos guardias civiles, observé que los jueces conversaban de buen humor con mi abogado. Uno dijo:

—*Y todo por viajar gratis, como si fuera un senador del reino.*

Mi abogado hizo un chiste:

—*Para el viaje que le espera, ya no necesita billete...*

Lo recordaba todo, todo, menos mi viaje en el expreso de Barcelona.

—*Levántese, amiguito, y procederemos a la ejecución. Si aguardamos a la hora señalada, tendré que ahorcarle a usted en el teatro, con todas las de la ley.*

—¡¡...!!

—*Sí... Y el público es exigente; las entradas son caras* —dijo el verdugo. Y añadió con malicia y misterio—: *Los curas las revenden.*

¡Los curas las revenden!... En esta frase absurda latía algo horrible. En ella culminaba mi pesadilla.

—*Sí* —pensé—; *estoy perdido...*

Fuera de la celda sonaron pasos, voces, bullición de gente que se aproximaba.

Se oyó una vocecilla femenina casi infantil.

—*¿Es aquí donde se va a ahorcar a un inocente?*

Otra vocecita, no menos doncellil:

—*Y si es inocente, ¿por qué lo ahorcan?*

La primera vocecilla:

—*Calla, boba, que ésa es la gracia.*

El verdugo exclamó entonces con voz tonante, que no le había sonado hasta entonces:

—*Aquí se ahorca, y nada más... Pase el que quiera.*

Y, volviéndose hacia mí, añadió en voz baja:

—*¿Lo ve usted? Ya no hay combinación.* (Alto.) *¡Adelante, adelante!*

Yo sudaba como un pollo y repetía maquinalmente:

—*Ya no hay combinación. ¡Adelante, adelante!*

El verdugo abrió el pesado portón. Una multitud abigarrada llenó, en desorden, la prisión. Burgueses, obreros, golfos, mujeres, soldados, chiquillos... Muchos arrastraban sillas, bancos y taburetes... Algunos traían canastos y tarteras con meriendas. Un naranjero pregonaba su mercancía.

EL HOMBRE DE LA PERILLA DE ALABARDERO (al cura, sentado a su derecha): *Verá usted cómo nos deja mal este verdugo.*

EL CURA: *¿Qué se puede esperar de un peluquero?*

EL HOMBRE...: *En otro tiempo los verdugos eran hombres que sabían su oficio; ellos tejían y trenzaban la cuerda; levantaban el tablado. Algunos habían hecho largo aprendizaje en el matadero. Estos eran los que degollaban a los hidalgos.*

EL CURA: *Sí; era gente ruda, pero seria. Los de hoy serán más científicos, pero...*

—*Señores* —gritó el verdugo, dirigiéndose a la concurrencia—, *va a comenzar la ejecución. ¡Arriba el sambenitado!*

¡El sambenitado!... Nunca me había oído llamar así.

—*Se trata, señores*—continuó el verdugo—, *de dar una solución científica, elegante y perfectamente laica al último problema. Mi modesto aparato...*

Rumores contradictorios; palmadas, silbidos. Algunos golfos, pateando a compás:

—*¡Camelos, no; camelos, no!*

UNA VOZ: *¡Viva la ciencia!*

OTRA VOZ: *¡Viva Cristo!*

EL HOMBRE... (con voz tonante): *¡Fuera gentuza!... Y silencio, en nombre del rey. (Pausado) El señor verdugo tiene un privilegio real para ensayar un aparato de su invención. Al reo asiste el derecho de reclamar los auxilios de nuestra santa religión, antes, naturalmente, de que se le ejecute; pero puede prescindir de ellos, si ésta es su voluntad. Nuestro augusto monarca quiere mostrar a su amado pueblo su tolerancia, su sentimiento del nuevo ritmo de los tiempos...*

VOCES: *¡Camelos, no!...*

EL HOMBRE...: *¡Fuera gentuza! Y silencio, en nombre del rey.*

EL CURA (aparte): *¡Vivir para ver!*

EL VERDUGO: *Mi modesto aparato...*

LA JOVENCITA: *Mira qué cara tiene el sambenitado. Se comprende que lo ahorquen.*

A LA ORILLA DEL AGUA IRREBOGABLE:

—*Esa barba verdosa... Sí, usted es Caronte*[17]

CARONTE: *¿Quién te trajo, infeliz, a esta ribera?*

—*Ahorcóme un peluquero; no sé por qué razón.*

CARONTE: *¡La de todos! Aguarda y embarcarás.*

—*¡La de todos!... Y yo que creí haber muerto de una manera original...*

Baeza, 3 de mayo de 1914

17 *Caronte*: v. nota 52 (poesía).

PROBLEMAS DE LA LÍRICA

No decimos gran cosa ni decimos siquiera [lo] suficiente cuando afirmamos que al poeta le basta con sentir honda y fuertemente y con expresar claramente su sentimiento. Al hacer esta afirmación damos por resueltos, sin siquiera enunciarlos, muchos problemas.

El sentimiento no es una creación del sujeto individual, una elaboración cordial del yo con materiales del mundo externo. Hay siempre en él una colaboración del TÚ, es decir, de otros sujetos. No se puede llegar a esta simple fórmula: mi corazón, enfrente del paisaje, produce el sentimiento. Una vez producido, por medio del lenguaje lo comunico a mi prójimo. Mi corazón, enfrente del paisaje, apenas sería capaz de sentir el terror cósmico, porque aun este sentimiento elemental necesita, para producirse, la congoja de otros corazones enteleridos en medio de la naturaleza no comprendida. Mi sentimiento ante el mundo exterior, que aquí llamo paisaje, no surge sin una atmósfera cordial. Mi sentimiento no es, en suma, exclusivamente mío, sino más bien NUESTRO. Sin salir de mí mismo, noto que en mi sentir vibran otros sentires y que mi corazón canta siempre en coro, aunque su voz sea para mí la voz mejor timbrada. Que lo sea también para los demás, éste es el problema de la expresión lírica.

Un segundo problema: Para expresar mi sentir tengo el lenguaje. Pero el lenguaje es ya mucho MENOS MÍO que mi sentimiento. Por de pronto, he tenido que adquirirlo, aprenderlo de los demás. Antes de ser NUESTRO —porque MÍO exclusivamente no lo será nunca— era de ellos, de ese mundo que no es ni objetivo ni subjetivo, de ese tercer mundo en que todavía no ha reparado suficientemente la psicología, del mundo DE LOS OTROS YOS.

Juan Ramón Jiménez, este gran poeta andaluz, sigue a mi juicio un camino que ha de enajenarle el fervor de sus primeros devotos. Su lírica —de Juan Ramón— es cada vez más barroca, es decir, más conceptual y al par menos intuitiva. La crítica no ha señalado esto. En su último libro: *Estío*, las imágenes sobreabundan, pero son cobertura de conceptos.

Madrid, 1º de mayo de 1917.

153

DE LA POESÍA

Todo poeta debe crearse una metafísica que no necesita exponer, pero que ha de hallarse implícita en su obra. Esta metafísica no ha de ser necesariamente la que expresa el fondo de su pensamiento, sino aquella que cuadre a su poesía. No por esto su metafísica de poeta ha de ser falsa, y mucho menos, arbitraria. El pensar metafísico especulativo es por su naturaleza antinómico; pero la acción —y la poesía lo es— obliga a elegir provisionalmente uno de los términos de la antinomia. Sobre uno de estos términos —más que elegido, impuesto— construye el poeta su metafísica.

En una filosofía no hay derecho a postular ni la homogeneidad ni la heterogeneidad del ser, sino que se impone el reconocimiento de la antinomia kantiana.

Pero el poeta, cuyo pensar es más hondo que el del mero filósofo especulativo, no puede ver en lo que lógicamente es pura antinomia solamente el juego de razones, por necesidad contradictorias, al funcionar en un vacío de intuiciones, sino que descubre en sí mismo la fe cordial, la honda creencia, la cual no es nunca una balanza en el fiel, en cuyos platillos se equiponderan tesis y antítesis, sino vencida al mayor peso de uno de los lados. [El poeta] comprende que, por debajo de la antinomia lógica, el corazón ha tomado su partido. Una vez que esto sabe, le es lícito elegir la tesis o la antítesis, según que una u otra convengan o no con la orientación cordial, para hacer de la elegida el postulado de su metafísica.

Segovia, 1923.

NOTAS INACTUALES, A LA MANERA DE JUAN DE MAIRENA

VII

Mientras los hombres —decía Juan de Mairena— no sean capaces de querer la paz, es decir, el imperio de la justicia (la que supone una orientación metafísica y un clima moral que todavía no existen y que, acaso, no existan nunca en Occidente), una liga entre naciones para defender la paz a todo trance, es una entidad perfectamente hueca y que carece de todo sentido. Es algo peor. Es el equívoco criminal que mantienen los poderosos, armados hasta los dientes, para conservar la injusticia y acelerar la ruina de los inermes o insuficientemente armados. Cuando alguno de ellos grite: "¡Justicia!", se le contestará con un encogimiento de hombros; y si añade: "Pedimos armas para defendernos de la iniquidad", se le dirá cariñosamente: "Paz, hermano. Nuestra misión es asegurar la paz que tú perturbas, reducir la guerra a un mínimum en el mundo. Nosotros no daremos nunca armas a los débiles; procuraremos que los exterminen cuanto antes".

DESDE EL MIRADOR DE LA GUERRA

II

Cuando vemos desde el mirador de la guerra la llamada política conservadora que domina hoy los Estados, no las naciones, de las llamadas democracias, advertimos claramente toda su ceguera, toda su insuperable estolidez[18]. Los hombres que re-presentan esta política (poned aquí los nombres que queráis sin reparar en su filiación de partido) no vacilan en divorciarse de sus pueblos, en permitir que sean éstos amenazados, lesionados

18 *estolidez*: ignorancia.

y hasta invadidos, con tal de poner a salvo los intereses de una clase privilegiada. La posición es un poco absurda, porque una clase privilegiada no puede llegar hasta el sacrificio... de todas las demás; pero, al fin, no es tan nueva en el mundo, que sea para nosotros motivo de escándalo. Lo verdaderamente monstruoso es que esos hombres sigan simulando echar sus viejas cuentas como si entre el año 14 y el año 38 de nuestro siglo no hubiese pasado nada sobre el mísero planeta que habitamos. Su actitud ante una posible (para ellos inevitable) guerra grande es agravada por el tiempo, aproximadamente la misma que tuvieron en vísperas de la guerra europea. Ellos no hablan, como entonces hablaban, en nombre de sus respectivos países, como si ellos fueran los representantes legítimos de entidades compactas, suficientemente unificadas para ser arrastradas a una guerra mortífera, bajo el mismo uniforme y la misma denominación (franceses, ingleses, etc.), sin cambio alguno de la estructura social, en el momento de ser atacados por otras naciones no menos compactas, no menos unificadas, donde las discordias interiores se apagan al sonar los primeros tambores. En el año 14 la guerra, con todos sus horrores, fue una admirable simplificación de las contiendas íntimas, una tregua sangrienta de la paz. El mismo crimen que eliminó a Jaurés[19] se silbó por superfluo. Jaurés era —¡cuántas veces se dijo!— francés antes que socialista, y nada había que temer de su influencia sobre las masas proletarias. Pero los políticos conservadores de nuestros días saben muy bien que esto ya no es posible. Lo saben y ni siquiera tienen el pudor de ocultarlo. Siguen, no obstante, y seguirán ahuecando la voz para hablar como antaño: "En los momentos decisivos, para los cuales activamente nos apercibimos, contamos con enorme provisión de materias primas destinadas a industrias de guerra, con fábricas cuyo trabajo para la guerra será incesante, el enorme poder de nuestras escuadras, la fecundidad de nuestras mujeres y el material humano difícil de mantener en la paz, pero de oportuno empleo y fácil consumo en las horas marciales. Y todo ello arderá en la gran hoguera cuando llegue su día. Que nadie atente a la integridad de nuestro territorio, a la independencia de nuestra nación, a la intangibilidad de nuestro

19 *Jaurés, Jean*: político y escritor francés, uno de los jefes del partido socialista, fue asesinado en 1914.

Imperio colonial o sea obstáculo a su futuro engrandecimiento''.
Todas estas palabras suenan hoy a retórica hueca, puesto que no
contienen ya un átomo de verdad en labios de quienes las pro-
nuncian. Porque sus pueblos saben, y ellos mismos no ignoran,
lo siguiente:

Primero: Que estos políticos conservadores sólo representan
a una clase que lleva el escudo al brazo, una plutocracia en
posición defensiva cuyo cimiento no tiene la firmeza que tuvo
en otros días.

Segundo: Que sus adversarios, los políticos que definen,
alientan o impulsan una política amenazadora (un Mussolini, un
Hitler), son algo más cínicos que ellos, pero acaso menos estúpidos,
y que les asiste en sus pueblos una corriente de opinión más considerable.
Son hombres, también, con el escudo al brazo, pero representan el
momento de la suprema tensión defensiva de la burguesía (fascio)
que se permite el lujo de la agresión. *Espíritu de miedo envuelto en ira*,
que dijo nuestro Herrera[20].

Tercero: Que ellos, los políticos conservadores de las grandes democracias, tienden a simpatizar, necesariamente, con los jefes francamente
imperialistas de los países adversarios, porque son lobos de la misma
camada; dicho de otro modo, defensores de una misma causa: el apun-
talamiento del edificio burgués, minado en sus cimientos.

Cuarto: Que el pacto a que ellos tienden es un pacto entre entidades
polémicas, un pacto entre fieras, y las fieras sólo pueden ponerse de
acuerdo en dos cosas: o para devorar al débil o para devorarse entre sí.

Quinto: Que ellos, dadas su ideología y su estructura moral y dado
el ambiente en que operan, no pueden escaparse de esta terrible
alternativa.

Sexto: Que su posición es hoy más falsa que nunca, más falsa y más
débil que las de sus antagonistas, los jefes de las naciones desvergonza-
damente imperiales, porque carecen de milicias voluntarias que los
amparen. Representan plutocracias engastadas en pueblos de tendencia
realmente liberal y democrática y no pueden aspirar a cambiar el sentido
de la corriente más impetuosa y profunda de sus pueblos.

Séptimo: Que su actuación política es, no ya superflua, sino

---

20 *Herrera, Fernando de*: poeta humanista sevillano (1534-1597); escribió poemas
   patrióticos, líricos italianizantes y un importante trabajo sobre Garcilaso de la
   Vega. El verso citado pertenece al poema ``Por la pérdida del rey don Sebastián''.

perjudicial a sus naciones, porque ella oscila necesariamente entre la amenaza y la claudicación; la amenaza que irrita al enemigo y refuerza sus resortes polémicos, y la claudicación que deshonra a los pueblos y los entrega moralmente vencidos al adversario.

Octavo: Que ellos no pueden responder a estas preguntas: ¿Adónde vamos? ¿Qué camino es el nuestro en el futuro histórico? Que ellos contribuyen a poner un tupido velo de mentiras ante los ojos de sus pueblos. Porque ellos ignoran —o aparentan ignorar— el hecho ingente de la Revolución Rusa y pretenden que se vea en ella un poder demoníaco y un foco de infección que puede contaminar a sus pueblos, en lo cual están de perfecto acuerdo con los llamados fascistas. Y pretenden, sobre todo, que nadie vea en Moscú, el aborrecido Moscú, el faro único de la historia que hoy puede iluminar el camino futuro. Les aterra sobre todo —reparadlo bien— que la gran Revolución Rusa haya pasado de su período demoledor al creador y constructivo, y que lo que allí se hace sea la experiencia maravillosa de una nueva forma de convivencia humana.

Noveno: Que, honradamente, sólo pueden hacer una cosa: retirarse a su vida privada de cazadores aristocráticos o de no menos distinguidos pescadores de caña, y dejar los puestos de pilotos que hoy ocupan a los hombres que tengan la conciencia integral de sus pueblos, de su ruta y de su porvenir, porque sólo a éstos incumbe la heroica faena y la terrible responsabilidad del timón.

Y no sigo, por ahora, enumerando, porque no aspiro a los trece puntos, número sagrado para nosotros, después del insuperable manifiesto del doctor Negrín[21].

Dejemos para otro día el tratar de la *diplomacia conservadora*, que tanto hubiera hecho reír a un Maquiavelo, y que tanto nos recuerda los versos del coplero español:

> *Cuando los gitanos tratan,*
> *es la mentira inocente:*
> *se mienten y no se engañan.*

(La Vanguardia, 14 de mayo de 1938).

---

21 *Negrín, Juan*: político español de tendencia socialista, fue nombrado presidente del gobierno republicano en 1937 e intentó negociar la paz con las fuerzas franquistas con un programa que fue conocido como "los 13 puntos". Al conocer la derrota se exilió en Francia.

LAS CARTAS A UNAMUNO

El testimonio que nos presentan las cartas enviadas por Antonio Machado a Unamuno durante treinta años (1904-1934) viene a corroborar de manera directa la admiración del poeta sevillano hacia el ilustre rector de la Universidad de Salamanca, admiración que paralelamente se iba a demostrar en las poesías y en los comentarios de Juan de Mairena.

Por desgracia, sólo nos son conocidas las cartas enviadas a Unamuno por Machado, celosamente guardadas en su archivo por aquél; ya que las que constituyen la otra voz del diálogo han debido perderse —como tantas cosas— en el éxodo. Las cartas (de las que aquí elegimos sólo dos por el interés de su contenido), esquelas, dedicatorias de libros, tarjetas postales, ocupan una parte de esa amistad, ya que antes de la primera dedicatoria (*Soledades*, 1901; "A don Miguel de Unamuno, el Sabio y el Poeta. Devotamente. Antonio Machado.") debían ya conocerse, quizá personalmente, a través de la gran amistad mantenida por Unamuno con Manuel Machado.

Los hechos familiares (llegada a Baeza, muerte de Leonor, traslados reales y deseados, el exilio de Unamuno, la muerte de la esposa de éste, los estrenos teatrales de los hermanos Machado, el conocimiento de Guiomar, etc.), además de valiosísimos comentarios sobre la obra unamuniana y los hechos político-sociales del momento (desastre del 98, Marruecos, la primera Guerra Mundial, los problemas de la cultura) constituyen los temas *vividos* en estas cartas, en estas confesiones, porque

> Siempre te ha sido, ¡oh Rector
> de Salamanca, leal
> este humilde profesor
> de un Instituto rural.

A.M. *Poema de un día.*

Sr. D. Miguel de Unamuno

Querido, admirado maestro: Acabo de recibir su hermosa carta tan llena de bondad para mí y su composición "Bienaventurados los pobres"[22], que me ha hecho llorar. Esta es la verdad española que debiera levantar a las piedras. No sé si habrá sensibilidad para estas cosas, pero si no la hay, estamos perdidos. Tenía intención de escribirle cuando leí su soberbia composición sobre el Cristo de Palencia, que encierra tanta belleza y tanta verdad como ésta del éxodo del campo. En esta tierra —una de las más fértiles de España— el hombre del campo emigra con las manos *libres* a buscarse el pan en condiciones trágicas en América y en Africa. También aquí el Cristo precristiano y postcristiano milagrea por los cabellos y las uñas y en cuanto al Cristo del cielo de que usted habla, no hay cuestión todavía.

Con toda el alma agradezco a usted el trabajo que piensa dedicarme. Publíquelo usted en la *Hispania*[23], de Londres, pues de este modo, con tan espléndida recomendación, podré yo algún día mandar trabajos a esa revista. En el próximo número de *La Lectura* verá usted mi artículo dedicado a su libro *Contra esto y aquello*[24], muy especialmente a los capítulos sobre las conferencias de Lamaitre y preparo otro sobre sus ideas de pedagogía y educación nacional. Como casi todo el contenido de ese libro son crónicas publicadas por usted en *La Nación*, de Buenos Aires[25], conviene que nuestros indígenas se enteren de lo más sustancioso que, a mi juicio, se ha dicho sobre estos temas. En sus artículos sobre el *Rousseau* de Lemeitre está, en mi opinión, calado hasta el fondo el espíritu del neocatolicismo francés que ya empieza a sentirse en España, como usted profetiza. He dedicado mucho tiempo a leer y comentar sus libros. Toda propaganda de ellos me parece poca. En Soria fundamos un periodiquillo para

22 La publicación de este poema de Unamuno en *Los Lunes del Imparcial* el 14-VII-1913 y los hechos de la vida de Machado permiten ubicar esta carta después de mayo de 1913.

23 La revista *Hispania* se publicó en Londres de 1912 a 1916 y en ella colaboró Unamuno hasta 1915, pero no hay ningún artículo sobre la poesía de Machado.

24 El libro de Unamuno apareció en 1912 y el artículo que le dedicó Machado, en la revista *La Lectura* en julio de 1913.

25 Estas colaboraciones de Unamuno para *La Nación* aparecieron en 1907.

aficionar a las gentes a la lectura y allí tiene usted algunos lectores. Aquí no se puede hacer nada. Las gentes de esta tierra —lo digo con tristeza porque, al fin, son de mi familia— tienen el alma absolutamente impermeable.

Tengo motivos que usted conoce para un gran amor a la tierra de Soria; pero tampoco me faltan para amar a esta Andalucía donde he nacido. Sin embargo, reconozco la superioridad espiritual de las tierras pobres del alto Duero. En lo bueno y en lo malo supera aquella gente. Esta Baeza, que llaman Salamanca andaluza, tiene un Instituto, un Seminario, una Escuela de Artes, varios colegios de segunda enseñanza, y apenas sabe leer un 30 por 100 de la población. No hay más que una librería donde se venden tarjetas postales, devocionarios y periódicos clericales y pornográficos. Es la comarca más rica de Jaén y la ciudad está poblada de mendigos y de señoritos arruinados en la ruleta. La profesión de jugador de monte se considera muy honrosa. Es infinitamente más levítica que el Burgos de Osma y no hay un átomo de religiosidad. Hasta los mendigos son hermanos de alguna cofradía. Se habla de política —todo el mundo es conservador— y se discute con pasión cuando la Audiencia de Jaén viene a celebrar algún juicio por jurados. Una población rural, encanallada por la Iglesia y completamente huera. Por lo demás, el hombre del campo trabaja y sufre resignado o emigra en condiciones tan lamentables que equivalen al suicidio.

A primera vista parece esta ciudad mucho más culta que Soria, porque la gente acomodada es infinitamente discreta, amante del orden, de la moralidad administrativa y no faltan gentes leídas y coleccionistas de monedas antiguas. En el fondo no hay nada. Cuando se vive en estos páramos espirituales, no se puede escribir nada suave, porque necesita uno la indignación para no helarse también. Además, esto es España más que el Ateneo de Madrid. Yo desde aquí comprendo cuán a tono está con la realidad esa desgarrada y soberbia composición de usted y comprendo también su repulsión por esas *mandangas* y *garliborleos* de los modernistas cortesanos. A esos jóvenes los llevaría yo a la Alpujarra y los dejaría un par de años allí. Creo que esto sería más útil que pensionarlos para estudiar en la Sorbona. Muchos, seguramente, desaparecerían del mundo de las letras, pero acaso alguno encontraría acentos más hondos y verdaderos.

Yo no me atrevo a decir en público ciertas cosas, por miedo a que se me crea defensor de la barbarie nacional, pero temo también que se forme en España cierta superstición de la cultura que puede ser funesta. Me parece muy bien que se mande a los grandes centros de cultura a la juventud estudiosa, pero me parece muchísimo mejor la labor de usted cuando nos aconseja sacar con nuestras propias uñas algo de nuestras mismas entrañas. Esto, que no excluye lo otro, me parece lo esencial. Yo he vivido cuatro años en París y algo, aunque poco, he aprendido allí. En seis años rodando por poblachones de quinto orden, he aprendido infinitamente más. No sé si esto es para todos, pero cada cual es hijo de su experiencia.

Además estoy convencido de que los hombres que van dejando huella en el alma nacional como usted y Costa en nuestra época, son aquellos que más desafinan en el concierto cortesano y los que no han buscado la cultura hecha, como el escobero del cuento de las escobas. Su voz parece ruda y extemporánea, pero, al fin, comprendemos que estaban a tono con realidades más hondas y verdaderas. Si a Cervantes lo hubieran protegido los magnates de su tiempo, es posible que no hubiera pasado de autor de *La Galatea*.

Leí también su artículo sobre la cuestión del catecismo. Es verdad que este asunto ha revelado también cuánta tierra hay en el alma de nuestra tierra. Mucha hipocrecía hay y una falta absoluta de virilidad espiritual. Las señoras declaran que aquí todos somos católicos, es decir que aquí todos somos señoras. Yo creo que, en efecto, la mentalidad española es femenina, puesto que nadie protesta de la afirmación de las señoras. Después de todo, un cambio de sexo en la mentalidad española dominante a partir de nuestra expansión conquistadora en América, podría explicarnos este eterno batallar, no por la cuestión religiosa, sino contra ella, porque no haya cuestión. La Inquisición pudo muy bien ser cosa de señoras y las guerras civiles un levantamiento del campo azuzado por las señoras. Comprendo que esto es una interpretación caprichosa de la historia; pero en verdad extraña que en este país de los pantalones apenas haya negocio de alguna trascendencia que no resuelvan las mujeres a escobazos. Empiezo a creer que la cuestión religiosa sólo preocupa en España a usted y a los pocos que sentimos con usted. Ya oiría usted al doctor Simarro, hombre de gran talento y de gran cultura, felicitarse de que el sentimiento religioso estuviera muerto en España. Si esto es verdad, medrados estamos, porque ¿cómo vamos a sacudir el lazo de hierro de la Iglesia católica que nos asfixia? Esta iglesia espiritualmente huera, pero de organización formidable, sólo puede ceder al embate de un impulso realmente religioso. El clericalismo español sólo puede indignar seriamente al que tenga un fondo cristiano. Todo lo demás es política y sectarismo, juego de izquierdas y derechas. La cuestión central es la religiosa y ésa es la que tenemos que plantear de una vez. Usted lo ha dicho hace mucho tiempo y los hechos de día en día vienen a darle a usted plena razón. Por eso me entusiasma su "Cristo de Palencia" que dice más del estado actual religioso del alma española que todos los discursos de tradicionalistas y futuristas. Hablar de una España católica es decir algo bastante vago. A las señoras puede parecerles de buen tono no disgustar al Santo Padre y esto se puede llamar *vaticanismo*; y la religión del pueblo es un estado de superstición milagrera que no conocerán nunca esos pedantones incapaces de estudiar nada vivo. Es evidente que el Evangelio no vive hoy en el alma española, al menos no se le ve en ninguna parte. Pero los santones de la tradición española dirán que somos unos bárbaros los que proclamamos nuestro derecho a ignorar prácticamente unos cuantos libracos de historia para uso de predicadores y profesionales de la oratoria. Pronto tendremos otro pozo de ciencia donde acudan a llenar sus cubos los defensores de la España católica. Con la muerte de Menéndez Pelayo se quedaron en seco. Ahora acudirán al padre Calpena. Lo mismo da Julio César que Julián Cerezas; para estas gentes lo esencial es que haya un señor con autoridad suficiente para defender el tesoro de la tradición. Cultura, sabiduría, ciencia, palabras son éstas que empiezan a molestarme. Si nuestra alma es incapaz de luz propia, si no queremos iluminarla por dentro, la barbarie y la iniquidad perdurarán, si no nos proponemos salvarnos. Cada día estoy más seguro de esta verdad.

Envío a usted lo que tengo publicado. Planeo varios poemitas y tengo muchas cosas empezadas. Nada definido. Mi obra esbozada en *Campos de Castilla* continuará si Dios quiere. La muerte de mi mujer dejó mi espíritu desgarrado. Mi mujer era una criatura angelical segada por la muerte cruelmente. Yo tenía adoración por ella; pero sobre el amor está la piedad. Yo hubiera preferido mil veces morirme a verla morir, hubiera dado mil vidas por la suya. No creo que haya nada extraordinario en este sentimiento mío. Algo inmortal hay en nosotros que quisiera morir con lo que muere. Tal vez por esto viniera Dios al mundo. Pensando en esto, me consuelo algo. Tengo a veces esperanza. Una fe negativa es también absurda. Sin embargo, el golpe

163

fue terrible y no creo haberme repuesto. Mientras luché a su lado contra lo irremediable me sostenía mi conciencia de sufrir mucho más que ella, pues ella, al fin, no pensó nunca en morirse y su enfermedad no era dolorosa. En fin, hoy vive en mí más que nunca y algunas veces creo firmemente que la he [de] recobrar. Paciencia, y humildad.

En fin, querido don Miguel, quería usted carta mía y acaso le he complacido hasta el abuso.

Mándeme su próximo libro. Aquí apenas llegan periódicos y muchas veces no me entero siquiera de lo que se publica. Su *Cristo de Velázquez* saldrá, supongo, en *El Imparcial*.

Algún día le visitaré en esa Baeza castellana. Tuve intención de ir con mi mujer a verlo el año después de mi matrimonio.

Le desea toda la fellicidad que usted merece su siempre admirador y amigo.

Antonio Machado

No todo lo que le envío está publicado y de lo publicado faltan algunas composiciones que no he podido encontrar y que busco para remitírselas. El amigo Palacio me envía *La Nación*, de Buenos Aires, cuando trae cosas de usted, y la revista *Hispania*.

2

Baeza, 16 enero 15

Señor don Miguel de Unamuno.

Querido y admirado maestro: Acabo de recibir su generosa carta. Con el alma agradezco a usted estos ratos que me dedica. La primera vez que estuvo usted en Madrid le busqué en la Residencia de Estudiantes[26]. No lo encontré, pero asistí a su lectura de poesías en el Ateneo, el día antes de mi visita. Estuve en el *gallinero* de aquella casa, con mi hermano

26 Se refiere a la visita de Unamuno a Madrid en enero de 1914 para ofrecer la primera redacción de su poema *El Cristo de Velázquez*.

Pepe. Y aguardo con impaciencia su nuevo tomo de poesías, con el poema *Cristo de Velázquez*, cuyos soberbios fragmentos conozco, y tantas otras composiciones soberanas como leyó usted aquella tarde, la de su primera lectura. En él irá "El Cristo de Palencia" y aquel Exodo de campesinos. Bien hace usted en no titular "Ultimo canto" a ese nuevo que añade una perla más a su cancionero místico; porque quien canta tan hondo y tan fuerte, mucho aún tiene que cantar.

Sus salidas Donquijotescas no son estériles, que siempre queda huella de su fecundo paso por ese empedernido Madrid, y bien comprendo que jamás pensó usted en su reposición de rector, sino en hacer una alta justicia a valores espirituales que usted representa y defiende y que en su persona de usted fueron atropellados. Sí, hay que seguir diciendo lo que no puede decirse y atizando el sagrado fuego bajo la helada.

Para mí sería una inmensa satisfacción el ir a Salamanca de profesor, y si ese buen señor Laserna piensa en su retiro y antes quiere hacer una obra de caridad bien entendida, colmaría mis aspiraciones con esa permuta. Ahí está usted y la tierra castellana que tanto amo. Con el alma agradecería cuanto haga, y, siempre, su buen deseo[27].

Yo también, en el fondo, acaso sea francófilo. Mi antipatía a Francia se ha moderado mucho con ese que usted llama *estallido de barbarie* de las derechas, y, además, fuí siempre [falta algo] por la Francia reaccionaria y, sobre todo, farsante, Francia que, triunfadora, nos había de agobiar con la divinidad de Racine, cosa más lamentable que la guerra misma. La otra Francia es de mi familia y aun de mi casa, es la de mi padre y de mi abuelo y mi bisabuelo; que todos pasaron la frontera y amaron la Francia de la libertad y del laicismo, la Francia religiosa del *affaire*[28] y de la separación de Roma, en nuestros días. Y esa será la que triunfe, si triunfa, de Alemania. La otra, vestida de pavo real, hubiera sido hace años barrida del mapa por el empuje teutónico. ¡Lástima que tan noble espíritu como Azorín se deje engatusar por esos agentes de *L'Action française*!

Ya veo que se adelanta usted en sus artículos a consecuencias probables de la actual contienda. Nuestro peligro político, a mi entender, estriba en continuar con el torpe juego de izquierdas y derechas, sin plantear la cuestión central, la religiosa y de conciencia. Encadenada va el alma española en cuerdas de presos, conducida no

27 Esta intención no resultó como Machado la deseaba.
28 Se refiere al escándalo Dreyfuss.

sabemos a dónde. Nuestra neutralidad hoy consiste, como me dice Manuel en carta que hoy me escribe, en no saber nada, en no querer nada, en no entender nada. Lo verdaderamente repugnante es nuestra actitud ante el conflicto actual, y épica, nuestra inconsciencia, nuestra mezquindad, nuestra cominería. Hemos tomado en espectáculo la guerra, como si fuese una corrida de toros, y en los tendidos se discute y se grita. Se nos arrojará un día a puntapiés de la plaza, si Dios no lo remedia. Los elementos reaccionarios, sin embargo, aprovechan la atonía y la imbecilidad ambiente para cometer a su sombra indignidades como la de que usted fué víctima. Si no se enciende dentro la guerra, perdidos estamos. La juventud que hoy quiere intervenir en la política debe, a mi entender, hablar al pueblo y proclamar el derecho del pueblo a la conciencia y el pan, promover la revolución, no desde arriba ni desde abajo, sino desde todas partes. Gentes de buen talento hay entre ellos y noble intención, pero me parecen tocados de un mal disimulado aristocratismo que malogrará su obra. Importa, sobre todo, que el empujón que vendrá de fuera no nos coja dormidos.

Mucho me alegra que su libro *Del sentimiento trágico de la vida* se haya traducido y vaya a traducirse a otras lenguas. Su interés es universal. Un patriotismo mezquino y literario es siempre fecundo en señalar diferencias de pueblo a pueblo.

Pero, ¿qué razón hay para que lo muy español y hondamente nuestro sea aquello que más nos separe de los franceses o de los germanos?

Los *jóvenes turcos* de que usted habla y ha visto con su mucha pupila de lo porvenir, serán los más funestos enemigos de España: la ferocidad de guante blanco y la pillería de casa grande, he ahí los futuros enterradores de nuestra patria.

Con impaciencia aguardo su *Alógica*; por ella me enteraré yo de qué sea eso de la Lógica, que siempre me ha parecido algo así como una teoría de oficio del aguador del pensamiento, o un álgebra del modo de andar para uso de tullidos.

En fin, querido don Miguel, perdone por la largura de mis cartas. Ya sé que usted trabaja mucho; pero yo no tengo ni aun la pretensión de que me lea por entero. Yo trabajo algo y, en breve, publicaré un nuevo tomo de versos.

Mis bendiciones anticipadas al señor Laserna.

Siempre suyo, muy suyo.

Antonio Machado

PROPUESTAS DE TRABAJO

1. Ya en 1912, Unamuno[1] destacó la relación del poema "Retrato" (pág. 68) con el titulado "Adelfos", de Manuel Machado (*Alma*, 1900); comparar ambos poemas y rastrear las relaciones biográficas a que hacen referencia:

> Yo soy como las gentes que a mi tierra vinieron
> —soy de la raza mora, vieja amiga del sol—,
> que todo lo ganaron y todo lo perdieron.
> Tengo el alma de nardo del árabe español.
>
> Mi voluntad se ha muerto una noche de luna
> en que era muy hermoso no pensar ni querer...
> Mi ideal es tenderme, sin ilusión ninguna...
> De cuando en cuando un beso y un nombre de mujer.
>
> En mi alma, hermana de la tarde, no hay contornos...
> y la rosa simbólica de mi única pasión
> es una flor que nace en tierras ignoradas
> y que no tiene aroma, ni forma, ni color.
>
> Besos, ¡pero no darlos! Gloria... ¡la que me deben!
> ¡Que todo como un aura se venga para mí!
> Que las olas me traigan y las olas me lleven
> y que jamás me obliguen el camino a elegir.
>
> ¡Ambición!, no la tengo. ¡Amor!, no lo he sentido.
> No ardí nunca en un fuego de fe ni gratitud.
> Un vago afán de arte tuve... Ya lo he perdido.
> Ni el vicio me seduce, ni adoro la virtud.

[1] *La Nación* Bs. As., 25-VI-1912.

De mi alta aristocracia dudar jamás se pudo.
No se ganan, se heredan elegancia y blasón...
Pero el lema de casa, el mote del escudo,
es una nube vaga que eclipsa un vano sol.

Nada os pido. Ni os amo ni os odio. Con dejarme
lo que hago por vosotros hacer podéis por mí...
¡Que la vida se tome la pena de matarme,
ya que yo no me tomo la pena de vivir!...

Mi voluntad se ha muerto una noche de luna
en que era muy hermoso no pensar ni querer...
De cuando en cuando un beso, sin ilusión ninguna.
¡El beso generoso que no he de devolver!

2. El tema de la tierra castellana —"tópico" del '98— encuentra
expresiones diversas en dos poetas que se relacionan también bio-
gráficamente con A. Machado: un "noventaiochista", Unamuno y
un integrante de la "generación del 27", Gerardo Diego; relacionar
estas *visiones* de Castilla con las que aparecen en los poemas de
Machado:

UNAMUNO:
"CASTILLA"

Tú me levantas, tierra de Castilla,
en la rugosa palma de tu mano,
al cielo que te enciende y te refresca,
al cielo, tu amo.

Tierra nervuda, enjuta, despejada,
madre de corazones y de brazos,
toma el presente en ti viejos colores
del noble antaño.

Con la pradera cóncava del cielo
lindan en torno tus desnudos campos,

tiene en ti cuna el sol y en ti sepulcro
y en ti santuario.

Ara gigante, tierra castellana,
a ese tu aire soltaré mis cantos,
si te son dignos bajarán al mundo
desde lo alto.

GERARDO DIEGO:

Si yo fuera pintor
no pintaría, Soria, tu yermo y tu pastor.
En mi paleta habría un rosa de rubor,
un amarillo augusto y un verde verdecido,
porque tienes la gracia de un país recién nacido.

Pintaría tus árboles señeros y viudos,
aquel olmo decrépito, de quirúrgicos nudos.
aquel plañente sauce, todo esbelto de gracia.
y entre menudas guijas, aquella urbana acacia.

Pintaría las márgenes del Duero
con el puente, la fábrica, la presa, el lavadero;
y aquel alero, aquel balcón
y aquella casa que parece de cartón.

Y todas las siluetas, las amadas siluetas
de tus torres manchadas del poniente sangriento.
Y así otros mil motivos en otras mil viñetas
para guardarte íntegra tal como yo te siento.

3. Rafael Alberti —visitante de Buenos Aires en julio de 1991—, poeta
    admirado y querido por Machado[2], presenta en su ''Canción 8''

---

2 Sobre la partida de A. M. a Francia durante la guerra civil y sus últimos momentos,
   véase especialmente la obra de R. Alberti: *Imagen primera de...*, Bs. As., Losada,
   1945. También José L. Cano, Op.cit.

(*Baladas y canciones del Paraná*) el tema del "agua sonora".
Señalar las semejanzas y diferencias qe se dan en ambos poetas:

"CANCIÓN 8"

Hoy las nubes me trajeron,
volando, el mapa de España.

¡Qué pequeño sobre el río
y qué grande sobre el pasto
la sombra que proyectaba!

Se le llenó de caballos
la sombra que proyectaba.

Yo, a caballo, por su sombra
busqué mi pueblo y mi casa.

Entré en el patio que un día
fuera una fuente con agua.

Aunque no estaba la fuente,
la fuente siempre sonaba.

Y el agua que no corría
volvió para darme agua.

4. Rastrear en los poemas descriptivos de *Soledades* y *Campos de Castilla*, la selección de un determinado repertorio de elementos paisajísticos y de adjetivos cargados de subjetividad. Confeccionar con estos elementos breves fragmentos descriptivos en prosa, para luego aplicar este procedimiento (la selección subjetiva o sentimental) al ambiente conocido por los alumnos. Leer en clase los trabajos producidos.

5. Pedir colaboración al profesor de Filosofía para investigar sobre los pensadores que influyeron en la obra de Machado (v. en la Introducción, textos de notas 13, 33 y 42). Considerar qué ha tomado de ellos

y qué aportó la visión personal del autor. Buscar en la Antología —verso y prosa— ejemplos que muestren las ideas filosóficas.

6. "Machado, ¿no es el que le escribe las canciones a Serrat?"
Con esta pregunta un alumno de nuestra clase demostró su conocimiento del poeta. Reflexionando sobre ella —anacronismo aparte— surgió la siguiente propuesta:
Organizar una encuesta a personas de diferentes edades y formación cultural sobre qué conocen de Antonio Machado (obra, época, etc.) y, si saben quién es, cómo han llegado a conocerlo (lectura de sus textos o canciones por Serrat). Con los resultados obtenidos, establecer correlaciones entre formas de acceso y edad, por ejemplo. Extender la propuesta a otros poetas.

7. La persistencia de un poema: "A José María Palacio" (v.Antología, pág. 79) aparece en el siguiente soneto de Gerardo Diego. Establecer a través de qué elementos se transforma lo *biográfico* en *literario*; comparar con el poema de Machado el manejo de las *voces* del "yo lírico":

JOSÉ MARÍA PALACIO
(De Soria sucedida)

Palacio, buen amigo. Sí, dechado
de modestia y verdad. Aún le estoy viendo
—parece que fue ayer—, le estoy oyendo
hablarme, hablarme, de su Antonio amado.

Bajo el palio de mayo en la Dehesa
paseamos. Me cuenta lo que escribe,
lo que proyecta y acaricia y vive.
Es toda dignidad su prosa impresa.

Solícito cronista y amanuense,
lleva puntual la cifra y la cosecha
a la prensa pinciana y bonaerense.

No morirá, la gloria le previno
cierto papel que al corazón estrecha.
Vedle subir con flores al Espino.

8. Manuel Muñoz López, alumno de Machado en el Instituto de Segovia, recuerda así las clases del profesor de Francés:

"El aula era inhóspita y fría. Tenía gradas de madera,
similares a las de los 'gallineros' de los teatros. Enfrente
de ellas, una tarima, sobre la que estaba la mesa del
profesor, defendida por una falsa balaustrada también de
madera. En la pared, frente a nosotros, un enorme cartelón
verde con las terminaciones de las declinaciones latinas
en letras rojas... Había también en el aula una estufa de
leña, y enfrente de la puerta dos bancos de madera, en los
que tenían su puesto las ocho o diez chicas del curso, a las
que no se permitía mezclarse en las gradas con nosotros...
La figura de don Antonio era imponente. Tenía los pies
grandes y juanetudos; al andar los arrastraba un poco con
sus botas negras de punta redonda... Era bastante desali-
ñado, y los trajes, siempre de color oscuro, los llevaba algo
arrugados, y el pantalón un poco largo y con rodilleras.
Solía usar una chaqueta cruzada con los bolsillos abulta-
dos, llenos de papelotes, el *Heraldo de Madrid* y el paquete de tabaco de cuarterón. Cuando en clase liaba sus
cigarros, desparramaba por la mesa gran cantidad de tabaco que luego arrojaba al suelo de un manotazo. Usaba
camisa de pechera y cuello de pajarita, corbata larga,
puños almidonados de brillo, grandes y anchos, que en
invierno permitían ver por debajo los de la camiseta larga
de punto inglés. Llevaba siempre sombrero flexible que,
aunque algo haldudo, era de los que entonces se estila-
ban... En clase era sumamente afable. Todos los días elegía
a uno de nosotros para dar la lección. A partir de este
momento, el aula se transformaba. A la ansiedad y el temor
de enfrentarse con la lección, sucedía un estado de euforia
en los no elegidos, y mientras el alumno designado se
defendía como podía frente a don Antonio, en las gradas

se iniciaban las conversaciones preliminares a las transac-
ciones de ese comercio de cambalache al que los chicos
de todo el mundo son tan aficionados, amén de arrojarse
pelotillas fabricadas con las miga de los panecillos del
desayuno y pellizcarse por lo bajo y aguantar las terribles
ganas de reír que nos entraban sin saber por qué. De pronto
surgía una pelea entre dos o más alumnos. Aquello era ya
demasiado. Don Antonio daba un puñetazo en la mesa, y
ordenaba: "¡Silencio!" Y tras una pausa: "¡Si cojo a uno
lo tiro por el balcón!" Durante unos instantes el aula
quedaba como una balsa de aceite, y el alumno podía
continuar su lección. Al sonar la campana para la salida,
invariablemente decía don Antonio: "La siguiente lección
para el próximo día".[3]

Redactar en clase, en forma colectiva o individual, la vivencia de una
clase determinada; además de los datos descriptivos del ambiente,
centrar la atención en los elementos que caracterizan la figura del
profesor/a elegido/a.

9. A partir de la lectura de "Recuerdo infantil", revivir en clase una
situación del pasado fuertemente sentida —en forma oral o escrita—.
Analizar luego cuáles son los elementos que entran en juego para que
el *receptor* del *mensaje* (la evocación) pueda "sentir" la misma
emoción del *emisor* sin haberla vivido, es decir, cómo se llega a la
creación de un *sistema expresivo propio*. (Puede también servir
como punto de partida la propuesta anterior.)

10. Organizar el contenido de las poesías de esta Antología de acuerdo
con pautas temáticas, algunas de las cuales pueden ser las siguientes:
a. El recuerdo de personas, lugares y situaciones.
b. El paisaje y su relación con el tiempo vital.
c. La visión crítica de la realidad española.
d. La reflexión filosófica sobre el hombre.
Analizar los recursos expresivos (adjetivaciones, metáforas, símbo-
los, etc.) con el fin de establecer un "corpus" del lenguaje poético
machadino a lo largo de toda su creación y comprobar si pueden
señalarse, o no, etapas cronológicamente diferenciadas en su obra.

3   Citado por José Luis Cano. Op.cit.

11. Extraer de los poemas dedicados (a Giner de los Ríos, a Unamuno, a Darío, a Juan Ramón, a Valle Inclán), elementos que identifiquen estilísticamente estos "Elogios" frente a otras poesías del autor. Rastrear en ellos las circunstancias biográficas y literarias que Machado ha seleccionado de sus colegas.

12. Presentar la proyección de fotografías que respondan al itinerario biográfico de Machado (Sevilla, Madrid, Soria, Baeza, Segovia, Valencia) para establecer la correlación hombre-naturaleza, característica de su poesía. (V. Introducción.)[4]

13. Con el apoyo del profesor de Música, seleccionar fragmentos musicales que acompañen dicha proyección con la lectura de poemas seleccionados; justificar la elección de la música según la contemporaneidad del autor (p. ej. Manuel de Falla), la correlación temática o rítmica, etc.

14. A partir de la propuesta anterior, escuchar en clase (para su posterior comentario) las versiones musicales que se han hecho de los poemas de Machado:
    • Joan Manuel Serrat: *Dedicado a Antonio Machado, poeta.* EMI-Odeón. 1970.
    • Alberto Cortez: *Canciones y poemas.* MH. Hispavox.1983.
    • Varios: *Juglares de la España actual.* MH. Argentina. 1976.
    O los poemas grabados por Nati Mistral, Héctor Alterio o en el disco editado por Aguilar: "Poesía de Antonio Machado", GPE 12101, y la grabación del espectáculo de José M. Vilches sobre vida y obra de Machado: "Donde madura el limonero". Interdisc, CIL 3594, 1984.

15. La creación de Valle Inclán, el *esperpento*[5], aparece en el "Fragmento de pesadilla", de Machado (pág. 149); considerar qué características "esperpénticas" se dan en este texto y justificar esta *estética* a partir de los acontecimientos sociales y políticos en la

4 Puede solicitarse material al Inst. de Cultura Hispánica (Paraná 1159, Bs.As. Teléf. 812-0024), que cuenta con un hermoso audiovisual: "Antonio Machado en la tierra del romance."
5 Ver la Introducción a *Tirano Banderas*, de Valle Inclán, en esta colección.

España de ambos autores (datos que aparecen en la Cronología). Relacionar con la visión de ''las dos Españas'' que aparece en los poemas de Machado.

16. Con la ayuda del profesor de Historia, ampliar los datos aportados en la Cronología sobre los acontecimientos fundamentales en la Europa de finales del XIX y primera mitad del XX: las ambiciones coloniales de las potencias, el desarrollo científico y técnico, las guerras mundiales, sus consecuencias en las revoluciones posteriores, el desarrollo de las fuerzas opositoras en España que derivarán en la Guerra civil, etc. Analizar la posición del autor frente a estos hechos a través de los textos en prosa y verso que aparecen en la Antología.

17. Investigar sobre los artistas (p. ej. escritores y pintores) españoles y extranjeros que apoyaron a ambos bandos en la Guerra civil española y su situación después de la contienda. Discutir en clase el tema del *exilio*, relacionándolo especialmente con la realidad latinoamericana de los últimos años[6].

18. Organizar una mesa redonda sobre ''La juventud, hoy'', Confrontar los conceptos vertidos sobre el tema con los que Machado apunta en su ''Discurso a las Juventudes Socialistas Unificadas.'' ¿Cómo aparece en nuestra sociedad el concepto de ''juventud vieja''? Pedir información al profesor de Psicología y al de Educación Cívica sobre las características filosóficas y sociales de esta problemática.

19. Comparar los artículos de Machado sobre la guerra, sus opiniones sobre imperialismo, desarme, intervención popular, etc. (''Notas inactuales a la manera de J. de Mairena'', ''Desde el mirador de la guerra'', etc.) con los textos periodísticos sobre enfrentamientos armados —posibles o no— en nuestros días. Caracterizar el lenguaje ''de opinión'' y los contenidos de los artículos según sus intenciones.

20. Redactar un informe sobre la difusión de la cultura en nuestro país; quiénes la promueven y hacia quiénes está orientada, cuáles son sus

6 Ver *Antología de cuentistas latinoamericanos* y *La literatura de ideas en América latina*, también en LyC.

alcances actuales y futuros, etc. Solicitar opiniones a estudiantes, obreros, profesionales, artistas, "comunicadores sociales", medios de comunicación. Confrontar los datos obtenidos con las opiniones de Machado en su "Discurso sobre la defensa y la difusión de la cultura". Debatir en clase.

21. Como cierre de estas Propuestas, queremos incluir una *Antología de homenaje* que recoge las voces de escritores españoles y latinoamericanos en verso y prosa, quienes reconocen en Antonio Machado, al "hombre bueno", cuya poesía se hizo, en momentos difíciles de la historia de España, portavoz de los que debían callar. Leer y comentar los textos, o quizá solamente leerlos, será como aceptar una invitación a participar de este homenaje.

- Rubén Darío

ORACIÓN POR ANTONIO MACHADO

Misterioso y silencioso
iba una y otra vez.
Su mirada era tan profunda
que apenas se podía ver.
Cuando hablaba tenía un dejo
de timidez y de altivez.
Y la luz de sus pensamientos
casi siempre se veía arder.
Era luminoso y profundo
como era hombre de buena fe.
Fue pastor de mil leones
y de corderos a la vez.
Conduciría tempestades
o traería un panal de miel.
Las maravillas de la vida
y del amor y del placer.
Cantaba en versos profundos
cuyo secreto era de él.
Montado en un raro Pegaso,

un día al imposible fue.
Ruego por Antonio a mis dioses;
ellos le salven siempre. Amén.

(1905-1907)

• Pablo Neruda

De *Confieso que he vivido*. Cuaderno 5: "España en el corazón",
Pág. 163.

"A don Antonio Machado lo vi varias veces sentado en
su café con su traje negro de notario, muy callado y discreto,
dulce y severo como árbol viejo de España. Por cierto que el
maldiciente Juan Ramón Jiménez, viejo niño diabólico de la
poesía, decía de él, de don Antonio, que éste iba siempre lleno
de cenizas y que en los bolsillos sólo guardaba colillas."

• Baldomero Fernández Moreno

COPLAS A ANTONIO MACHADO

(De *Motivos españoles*, 1930)

I

De ti, Antonio Machado,
tengo tu libro de versos,
el que tiene tu retrato.

Tienes la frente muy ancha
y la boca desabrida
y mal hecha la corbata.

Tu firma, una simple raya,
con un lacito en el medio
como una olita rizada.

II

Alguno ayer me decía:
lleva la cabeza baja,
va manchado de ceniza.

Te veo andando entre riscos,
con un mimbre en una mano
y con un poco de frío.

Mirando siempre a los álamos
o al camino por si están
las florecillas del campo.

III

Machado, Martín, Mairena,
tres apellidos distintos
y un solo errante poeta.

IV

Si yo fuera millonario,
te daría la mitad,
querido Antonio Machado.

Y si fuera Rey de España,
te regalaba un castillo
de oro, en el Guadarrama.

Mas tú vales más que todo,
más que reyes y primados,
más que la plata y el oro.

V

Pero el que quiera beber
de bruces en la corriente,
a ti te habrá de leer.

• Rafael Alberti

DE LOS ÁLAMOS Y LOS SAUCES

(En recuerdo de Antonio Machado)

7

A ti, enterrado en otra tierra.

Perdidos, ¡ay, perdidos!
los niños de la luz por las rotas ciudades
donde las albas lentas tienen sabor a muerto
y los perros sin amo ladran a las ruinas;
cuando los ateridos
hombres locos maldicen en las oscuridades,
se vuelcan los caballos sobre el vientre desierto
y solamente fulgen guadañas repentinas;
            entonces, que es ahora,
pienso en ti, en esa noble osamenta abonando
trigos merecedores de más verdes alturas,
árboles que susurren tu nombre dignamente,
y otro cielo, otra aurora
por los que te encontraras tranquilo, descansando,
viéndote en largo sueño remontar las llanuras,
hacia un clamor de torres erguidas al poniente.
Pienso en ti, grave, umbrío,
el más hondo rumor que resonara a cumbre,
condolido de encinas, llorado de pinares,
hermano para aldeas, padre para pastores;
pienso en ti, triste río,
pidiéndote una mínima flor de tu mansedumbre,

179

ser barca de tus pobres orillas familiares
y un poco de esa leña que hurtan tus cazadores.
Descansa, desterrado
corazón, en la tierra dura que involuntaria
recibió el riego humilde de tu mejor semilla.
Sobre difuntos bosques va el campo venidero.
Descansa en paz, soldado,
siempre tendrá tu sueño la gloria necesaria:
álamos españoles hay fuera de Castilla,
Guadalquivir de cánticos y lágrimas del Duero.

*En El Totoral
(Córdoba de América), 1940.*

• Juan Ramón Jiménez

A Antonio Machado

¡Amistad verdadera, claro espejo
en donde la ilusión se mira!
...Parecen esas nubes
más bellas, más tranquilas.
Siento esta tarde, Antonio,
tu corazón entre la brisa.
La tarde huele a gloria.
Apolo inflama fraternales liras,
en un ocaso musical de oro,
como de mariposas encendidas:
liras plenas y puras,
de cuerdas de ascuas líquidas
que guirnaldas de rosas inmortales
decorarán, un día.
Antonio, ¿sientes esta tarde ardiente
mi corazón entre la brisa?

En Laberinto (1910-1911)

- Federico García Lorca

A LAS POESÍAS COMPLETAS DE
ANTONIO MACHADO
(7 de agosto de 1918)

Dejaría en este libro
toda mi alma.
Este libro que ha visto
conmigo los paisajes
y vivido horas santas

¡Qué pena de los libros
que nos llenan las manos
de rosas y de estrellas
y lentamente pasan!

¡Qué tristeza tan honda
es mirar los retablos
de dolores y penas
que un corazón levanta!

Ver pasar los espectros
de vidas que se borran,
ver al hombre desnudo
en Pegaso sin alas,

ver la vida y la muerte,
la síntesis del mundo,
que en espacios profundos
se miran y se abrazan.

Un libro de poesías
es el otoño muerto:
los versos son las hojas
negras en tierras blancas,

y la voz que los lee
es el soplo del viento

que les hunde en los pechos
entrañables distancias.

El poeta es un árbol
con frutos de tristeza
y con hojas marchitas
de llorar lo que ama.

El poeta es el médium
de la Naturaleza
que explica su grandeza
por medio de palabras.

El poeta comprende
todo lo incomprensible,
y a las cosas que se odian
él, amigas las llama.

Sabe que los senderos
son todos imposibles,
y por eso de noche
va por ellos en calma.

En los libros de versos,
entre rosas de sangre,
van pasando las tristes
y eternas caravanas

que hicieron al poeta
cuando llora en las tardes,
rodeado y ceñido
por sus propios fantasmas.

Poesía es amargura,
miel celeste que mana
de un panal invisible
que fabrican las almas.

Poesía es lo imposible
hecho posible. Arpa
que tiene en vez de cuerdas
corazones y llamas.

Poesía es la vida
que cruzamos con ansia
esperando al que lleva
sin rumbo nuestra barca.

Libros dulces de versos
son los astros que pasan
por el silencio mudo
al reino de la Nada,
escribiendo en el cielo
sus estrofas de plata.

¡Oh, qué penas tan hondas
y nunca remediadas,
las voces dolorosas
que los poetas cantan!

Dejaría en el libro
este toda mi alma...

• Ramón Gómez de la Serna

LOS MACHADO: ANTONIO
(En: Retratos contemporáneos escogidos.)
(...)
Así como a Manuel se le encontraba sólo en la encru-
cijada de colmados que ha descripto, a Antonio sólo se le
veía en un café sórdido que era también de mi predilec-
ción: el café Español, frente al Teatro Real.

Allí, entre un público fagocitario (...) nos desayunába-
mos a las siete de la tarde.

Yo con mi mujer me establecía en los divanes de

enfrente a una de sus ventanas, y Antonio se colocaba de espaldas a la luz, junto al quicio de la misma ventana. Nos saludábamos con buena fe y reconocimiento y comenzábamos la novena de la meditación y de la oración en el café modesto.

Estábamos muy solitarios. A lo más llegaban hasta él, para formar la exigua tertulia sus hermanos, destacándose la sonrisa escéptica y retozona de Manuel, que sobre las ocho u ocho y media se escapaba hacia el barrio de la cuchipanda.

Pero un día comenzaron a llegar columnas móviles de jóvenes tentadores que le ofrecían cierta jefatura ideal. El se había defendido siempre de jefaturas y tentaciones, pero sintiéndose ya finalista aceptó una última esperanza. Coincidiendo con eso, cerraron el café Español, en cuyo sensato ambiente de modestia comprendíamos mejor la pobreza estratagémica de lo español, y poco después encontramos un tramo más allá, ya traspuesta la rampa de la cuesta de Santo Domingo, ya en medio de la confusión del centro, el café sustitutivo: el café de Varela.

Nos volvimos a saludar, aunque más de lejos, pues él se situaba junto al mostrador y a mí me gustaba sentarme más a la entrada.

No dejaba de atisbar, sin embargo, lo que pasaba en su tertulia. Era más nutrida. Las columnas volantes se acercaban a su mesa. Machado ya no persistía en esa posición tan española de rechazador de todo.

Tenía derecho a cumplir su destino y a intentar los grandes avatares. Le correspondía el grado de capitán y cosió a sus bocamangas las estrellas correspondientes.

Cuando llegase la guerra sería movilizado, y la guerra llegó y se le vio subir a los altozanos y bajar a los valles fragosos, y un día, cuando la ráfaga guerrera sopló hacia las fronteras, se le vio arrastrado, debilitado, muy cansado del esfuerzo hecho, parándose su corazón grande y heroico en el desorden y la penuria de la retirada.

- Guillermo de Torre

POESÍA Y EJEMPLO DE
ANTONIO MACHADO

En *Tríptico del sacrificio.* (1939)

Quisiera unir mi testimonio personal a los anteriores, pero en rigor de verdad diré que yo le había visto muy pocas veces y hablado con él una sola. Cosa extraña por demás, si se piensa en la vida de fácil y extrema relación que era de rigor en el Madrid feliz de la anteguerra, colmado de "peñas" y tertulias literarias, y donde no existían distancias ni fronteras de ninguna clase que impidieran asistir a la vida cotidiana de ingenios mayores y menores. Pero, en contraste, la persona física de Antonio Machado nos era poco familiar; en primer término, porque durante casi toda su vida —como se ha dicho— vivió ausente de Madrid, y luego porque aunque en sus últimos años residiese en aquella ciudad no aparecía en ningún sitio público —comparable en esto a Gabriel Miró, otro gran retraído—. Sólo recuerdo haber entrevistado ocasionalmente a Antonio Machado en el fondo de alguna librería o tras los ventanales de perdidos y mesocráticos cafés —Varela, las Salesas—, en compañía de sus dos hermanos, el poeta Manuel y el dibujante José. Alto, bamboleante, arrastrando los pies, con la corbata torcida sobre un anacrónico cuello de pajarita, la figura del poeta traía relentes y evocaciones provincianas. No en vano había pasado tantos años de su vida apegado a dormidas capitales, y su silueta casaba mejor con la fauna provinciana que desfila bajo los soportales de viejas ciudades que con la multitud atrafagada de la Gran Vía.

• Raúl González Tuñón

MUERTE DE ANTONIO MACHADO
(De *La muerte en Madrid*, 1939)

Ya está en la tumba que le abrió la guerra,
Tajuñas, Tajos, Turias, Ebros, Dueros,
tuercen sus milenarios derroteros
y hacia él van, encima de la tierra.

Y hacia él van, debajo de la Historia
y arriba de la Historia navegando,
solemnes ríos que navegan cuando
tan breve vida vale tanta gloria.

Y hacia él van llorando los caminos,
la brisa niña de los olivares
y las acequias y los tajamares
y la paloma azul de los molinos.

Frailes, logreros, la colina, el foso,
sollastres de mesón, oscuro arriero,
veleta gris y campesino fiero,
país de cal y piedra, generoso.

Castilla de color suave o violento,
cruda flor de la empresa castellana,
el libro, el sauce, el perro, la ventana
y en los pinares el rumor del viento.

Color verano de sutil cigarra
o color invernal de triste novia,
en Toledo ladrillo y en Segovia
rosado y en Madrid rojo y pizarra.

Todo le llora, crece el desconsuelo,
mueren de pie los últimos soldados;

sus viejos ojos antes animados
que retratado han tanto desvelo,

miran crecer debajo de la tierra
el secreto del tiempo, la semilla
del héroe, la revancha de Castilla,
el corazón caliente de la guerra:

miran crecer aromo, mirto y parra
y entre los huesos la razón del grito.
¡Para su tumba campo de granito
y polvo de oro para su guitarra!

• Joan Manuel Serrat

EN COLLIOURE

Soplaban vientos del sur
y el hombre emprendió viaje.
Su orgullo, un poco de fe
y un regusto amargo fue
su equipaje.
Miró hacia atrás y no vió
más que cadáveres sobre
unos campos sin color,
su jardín sin una flor
y sus bosques sin un roble.
Viejo y cansado,
a orillas del mar
bebióse sorbo a sorbo
su pasado.
Profeta ni mártir
quiso Antonio ser
y un poco de todo lo fue
sin querer.

Una gruesa losa gris
vela el sueño del hermano.

La yerba crece a sus pies
y le da sombra un ciprés
en verano.
El jarrón que alguien llenó
de flores artificiales,
unos versos y un clavel
y unas ramas de laurel:
son las prendas personales
del viejo y cansado,
que a orillas del mar
bebióse sorbo a sorbo
su pasado.
Profeta ni mártir
quiso Antonio ser
y un poco de todo lo fue
sin querer.

• Blas de Otero

PALABRAS REUNIDAS PARA
ANTONIO MACHADO

Un corazón solitario no es un corazón.
A.M.

Si me atreviera
a hablar, a responderte,
pero no soy,
solo,
nadie.

Entonces,
cierro las manos, llamo a tus raíces,
estoy,
oyendo el lento ayer:

el romancero
y el cancionero popular; el recio
son de Gómez Manrique;

la palabra cabal
de Fray Luis; el chasquido
de Quevedo;
de pronto,
toco la tierra que borró tus brazos,
el mar
donde amarró la nave que pronto ha de volver.

Ahora,
removidos los surcos (el primero
es llamado Gonzalo de Berceo),
pronuncio
unas pocas palabras verdaderas.
Aquellas
con que pedí la paz y la palabra:

Árboles abolidos,
volveréis a brillar
al sol. Olmos sonoros, altos
álamos, lentas encinas,
olivo
en paz,
árboles de una patria árida y triste
entrad
a pie desnudo en el arroyo claro,
fuente serena de la libertad.

Silencio.

Sevilla está llorando. Soria
se puso seria. Baeza
alza al cielo las hoces (los olivos
recuerdan una brisa granadamente triste).
El mar
se derrama hacia Francia, te reclama,
quiere, queremos
tenerte, convivirte,
                    compartirte
como el pan.

ENTRE LOS POETAS

Me quedo con Machado, el solitario
pensador de los campos de Castilla,
de yermos y heredades a la orilla
del Duero, con su olmo centenario.

Con la que siendo niña todavía
se enamoró del profesor austero,
al que la muerte, con un gesto fiero,
logró arrancarle lo que más quería.

Me quedo con su voz y su presencia
en los chopos y arados del camino;
me quedo con su paso peregrino
y con la luz plagada de su esencia.

Y con la sencillez de su poesía,
con la tarde marchita y con la fuente,
con el sueño de Dios y con la gente
que pobló sus tempranas galerías.

Me quedo con su guerra y con el mudo
destierro que anunciaba la partida,
con la lenta y callada despedida
en otra playa que recibirlo pudo.

Y con su voz de páramo y de trueno
en la esperanza de una España nueva,
y con la imagen que el recuerdo lleva
hacia el rostro final de un hombre bueno.

Cristina Sisca
1989

El poeta visto por Picasso en 1955.

DON ANTONIO

Acompaña tanto
que ya es como una sombra familiar
aunque ausente siempre viva.

Qué poeta don Antonio
y cómo permanece.
Con frecuencia lo sorprendo en mis dominios:
en el mate tempranero
en la fagina lunesviernesca
en el amigo cuarteador
en este trajín de campear luciérnagas.

Quijote en hipocampo
suele galopar por los anaqueles
saltar ceniceros y corbatas
vadear la mirada de mi perro
o trotar en los porqués de mis cachorros.
Hasta pude comprobar su gesto indulgente
cuando me largo a escribir.

Durante el ocaso
no le importó que su España lo quemara
por dentro y por fuera.
Desde el francés destierro
partió nuevamente
a la cabeza de pájaros naúfragos.

Persiste aún
"ligero de equipaje"
planeando en el granizo
cantando en las cerrazones
anidando en los pechos sin arrugas.

Oscar González
Diario El Tiempo,
Azul - Prov. Bs. As., 7/2/82

Y esto también le ocurrió...

Para conversar en clase después de la lectura de un poema o mientras escuchamos a Serrat cantándolo o mientras nos preguntamos muchas cosas...

ROBAN ESTATUA DEL POETA MACHADO

El último fin de semana desconocidos robaron el busto del poeta español Antonio Machado, erigido en el Jardín de los Poetas, en la zona del Rosedal de Palermo. La estatua, donada por la Junta de Andalucía, estaba construida en bronce y era una obra de la escultora española Elena Lucas, cuyo peso rondaba los cincuenta kilogramos. La pieza artística, que recordaba el cincuentenario de la muerte del ilustre literato, había sido inaugurada el 7 de agosto del corriente año. Este viernes, a las 19.30, autoridades de la Embajada de España y público en general realizarán un acto de desagravio en el mismo lugar donde se encontraba.

Diario Clarín,
miércoles 6 de septiembre de 1989

Gentileza diario *Clarín*.

BIBLIOGRAFÍA FUNDAMENTAL SOBRE LA OBRA Y EL AUTOR

Alberti, Rafael. *Imagen primera de...*, Bs. As., Losada, 1954.

Amiliba, Miguel de. *La guerra civil española*, Bs. As., CEAL, 1976.

Angeles, José (Comp.). *Estudios sobre Antonio Machado*, Barcelona, Ariel, 1977.

Ayala, Francisco. *El escritor y su imagen*, Madrid, Guadarrama, 1975.

Realidad y ensueño. Madrid, Gredos, 1963.

Azorín. "El paisaje en la poesía", en *Clásicos y modernos*, Bs. As., Losada, 1952.

Barjau, Eustaquio. *Antonio Machado: teoría y práctica del apócrifo*, Barcelona, Ariel, 1975.

Bousoño, Carlos. "El símbolo bisémico en la poesía de Antonio Machado", *en Teoría de la expresión poética*, Madrid, Gredos, 1952.

Cano, José Luis. *Antonio Machado*, Biblioteca Salvat de Grandes Biografías, Barcelona, 1986.

Cernuda, Luis. *Estudios sobre poesía española contemporánea*, Madrid, Guadarrama, 1957.

Diario "Clarín", Cultura y Nación. "Paisaje de Antonio Machado", por Nilda Sosa, 18-II-1982.

"Un hombre lúcido y solo", por Graciela Vásquez, 1-VII-1985.

"Un clásico sin sosiego", por Daniel Freidemberg y

"El poeta visto como filósofo", por Mario Casalla, 23-II-1989.

García Blanco, Manuel. "Las cartas de Antonio Machado", en *En torno a Unamuno*, Madrid, Taurus, 1965.

Gaos, Vicente. *Temas y problemas de literatura española*, Madrid, Guadarrama, 1959.

Gómez de la Serna, Ramón. *Retratos contemporáneos escogidos*, Bs. As., Sudamericana, 1968.

Gullón, Ricardo. *Las secretas galerías de Antonio Machado*, Madrid, Cuadernos Taurus, 1958.

Una poética para Antonio Machado, Madrid, Gredos, 1970.

Hanrez, Marc (Comp.). *Los escritores y la guerra de España*, Barcelona, Libros de Monte Avila, 1977.

Laín Entralgo, Pedro. *La generación del 98*, Madrid, Espasa Calpe, 1947.

López-Morillas, Juan. "Antonio Machado: ética y poética", en *Hacia el 98: literatura, sociedad, ideología*, Barcelona, Ariel, 1972.

Marías, Julián. *Aquí y ahora*, Buenos Aires, Espasa Calpe, 1954.

Pérez Ferrero, Miguel. *Vida de Antonio Machado y Manuel*, Bs. As., Espasa, Calpe, 1953.

Salinas, Pedro. *Literatura española, Siglo XX*, Madrid, Alianza, 1970.

Sánchez Barbudo, Antonio. "Antonio Machado en los años de la Guerra Civil", en *Ensayos y recuerdos*, Barcelona, Laia, 1980.

Estudios sobre Unamuno y Machado, Madrid, Guadarrama, 1959.

Serrano Poncela, Segundo. *Antonio Machado, su mundo y su obra*, Bs. As., Losada, 1954.

"El tema de la existencia en la generación del 98", en *El secreto de Melibea*, Madrid, Taurus, 1959.

Sesé, Bernard. *Antonio Machado, el hombre y el pensador*, Madrid, Gredos, 1979.

Torre, Guillermo de. "Identidad y desdoblamiento de A.M.", en *El fiel de la balanza*, Bs. As., Losada, 1970.

"Poesía y ejemplo de A.M.", en *Tríptico del sacrificio*, Bs. As., Losada, 1960.

Tuñón de Lara, Manuel. *Antonio Machado, poeta del pueblo*, Barcelona, Nova Terra Laia, 1975.

Urrutia, Jorge. *Antonio Machado y Juan Ramón Jiménez. La superación del Modernismo*, Madrid, Cincel, 1980.

Valderrama, Pilar de. *Sí, soy Guiomar*, Barcelona, Plaza y Janés, 1981.

Varios. Cuadernos hispanoamericanos, Nos. 11-12, Madrid, 1949.

Cuadernos hispanoamericanos, Nos. 304-307, Madrid, 1975/76.

Jornadas de homenaje al poeta A.M. —En el cincuentenario de su muerte— Aula de Poesía española Antonio Machado, Inst. de Cultura Hispánica, Bs. As., Agosto/1989.

La Torre, Revista de la Universidad de Puerto Rico, Nos. 45-46, 1964.

Nueva Revista Cubana, La Habana, 1959.

Revista Insula Nº 158, Madrid, 1960.

Revista Nacional de Cultura Nº 133, Caracas, 1959.

Zubiría, Ramón de. *La poesía de Antonio Machado*, Madrid, Gredos, 1969.

ÍNDICE

ANTOLOGÍA

POESÍA

Impreso en
A.B.R.N. Producciones Gráficas,
Wenceslao Villafañe 468,
Buenos Aires, Argentina,
en octubre de 1995.

CPSIA information can be obtained at www.ICGtesting.com
Printed in the USA
LVOW121609061111

253747LV00001B/11/A

9 789505 810901